技能実習　特定技能　対応!!

外国人材受入れサポートブック

弁護士 杉田 昌平 著

ぎょうせい

はしがき

本書は、特定技能制度で新しく導入された一号特定技能外国人支援を中心に、特定技能制度での外国人材の受入れとそれに接続する制度である技能実習制度における技能実習生の受入れについて概説した本である。

特定技能制度で導入された一号特定技能外国人支援は、受入れをする企業に外国人に対する生活支援の提供を義務付けたものである。外国人材が生活及び仕事を円滑に遂行することができるように生活を支援することを受入れ企業に義務付けるというのは、これまでの在留資格における活動内容や、監理監督面を中心とした規制から、「外国人が過ごしやすいように」という、相対的に外国人の視点に立った制度になったともいえる。

この一号特定技能外国人支援は、決して書類だけを整えれば良いというものではなく、法に定められた事項は適切に行うべきであるし、「任意的支援」と呼ばれる法律プラスアルファの部分についても積極的に取り組み、ベストプラクティスを確立すべきである。

筆者は、この一号特定技能外国人支援に思い入れがある。私は2015年６月から2017年８月末まで、ベトナム・ハノイ市に所在する国立大学で大学の教員をしていた。その点で、私はベトナムにおける「外国人材」であった。

赴任当時、私は日常的なベトナム語もできなかった。そのため、トイレットペーパー等の日常的な買い物にも不自由した。まして、家を借りることや携帯電話のSIMカードを購入すること、家賃を振り込むこと、ベトナムでのビザを延長することや行政手続を行うことなど、本来自分で行うべきことの大部分を、行うことができなかった。国が変わると、こうも無力になるのかと思ったものである。

この自分でできることの範囲がとても狭くなった際に助けてくれたのは当時の同僚であり、教え子だった。彼ら彼女らは、私が家を借りるときやSIMカードを購入する際に同行してもらい、翻訳や通訳をしてくれたし、手続を補助してもらった。また、家賃の振り込みの際、銀行に同行してもらい、ベトナム語で書かなければならない振り込み用紙を記載してくれたりもした。

このような支援は、まさに一号特定技能外国人支援で行うべきとされる活動と重なる。私は、自分がベトナムで「外国人材」として生活する際に、ベトナムの職場で生活支援を受けた。そして、とても心強かったし、今でも感謝している。

今、日本に来てくれている・将来来てくれる外国人材も、私がベトナムにいる際に感じた不安や不便を感じているのではないかと思う。そして、一号特定技能外国人支援が、実質的に行われれば、私と同じように不安や不便の大部分は軽減されるのではないかと思う。これが、私が一号特定技能外国人支援に思い入れがある理由である。この一号特定技能外国人支援が外国人の受入れにおける基礎となる制度になることを期待している。

折しも、COVID－19（新型コロナウイルス感染症）の蔓延により、それまで感じることもなかった「国境」は壁のように聳え立つようになり、人の国際移動の流動性は、この瞬間にも絶たれている。このような状況にあって、本邦に留まっている外国人材や本国で帰りを待つ家族は不安だと思う。一号特定技能外国人支援が適切に実施され、外国人の不安が少しでも軽減されることを祈念する。

本書の執筆にあたり、株式会社ぎょうせいの担当者の皆様には、大変お世話になった。本書が形になったのも、皆様のおかげである。この場を借りてお礼申し上げる。

末尾になるが、いつも本の執筆のために私生活の時間を使わせてくれる妻、長男（６歳)、及び、長女（４歳）にもお礼を言いたい。長男・長女の過ごす未来が、多様性に満ちた社会であることを祈念する。

2020年４月

弁護士　杉田昌平

凡　例

◆本文中に用いた法令、要領、対策、方針などは、次の略語を用いました。

入管法　出入国管理及び難民認定法（昭和26年政令第319号）

改正入管法　「出入国管理及び難民認定法及び法務省設置法の一部を改正する法律」（平成30年法律第102号）により改正された条文

入管法施行規則　出入国管理及び難民認定法施行規則（昭和56年法務省令第54号）

技能実習法　外国人の技能実習の適正な実施及び技能実習生の保護に関する法律（平成28年法律第89号）

技能実習法施行規則　外国人の技能実習の適正な実施及び技能実習生の保護に関する法律施行規則（平成28年法務省・厚生労働省令第３号）

上陸許可基準令　出入国管理及び難民認定法第七条第一項第二号の基準を定める省令（平成２年法務省令第16号）

特定技能基準省令　特定技能雇用契約及び１号特定技能外国人支援計画の基準等を定める省令（平成31年法務省令第５号）

上乗せ基準告示（○○）　**＊○○部分にはそれぞれ＜○○＞の業種名が入る**

＜介護＞　＜ビルクリーニング＞

○出入国管理及び難民認定法第七条第一項第二号の基準を定める省令及び特定技能雇用契約及び一号特定技能外国人支援計画の基準等を定める省令の規定に基づき○○分野について特定の産業上の分野に特有の事情に鑑みて当該分野を所管する関係行政機関の長が定める基準

＜素形材産業＞＜産業機械製造業＞＜電気・電子情報関連産業＞

○出入国管理及び難民認定法第七条第一項第二号の基準を定める省令（平成二年法務省令第十六号）の表の法別表第一の二の表の特定技能の項の下欄第一号に掲げる活動の項の下欄第六号及び特定技能雇用契約及び一号特定技能外国人支援計画の基準等を定める省令（平成三十一年法務省令第五号）の規定に基づき、出入国管理及び難民認定法第七条第一項第二号の基準を定める省令及び特定技能雇用契約及び一号特定技能外国人支援計画の基準等を定める省令の規定に基づき、○○分野に特有の事情に鑑みて定める基準

＜建設＞

○出入国管理及び難民認定法第七条第一項第二号の基準を定める省令（平成二年法務省令第十六号）の表の法別表第一の二の表の特定技能の項の下欄第一号に掲げる活動の項の下欄第六号及び法別表第一の二の表の特定技能の項の下欄第二号に掲げる活動の項の下欄第七号並びに特定技能雇用契約及び一号特定技能外国人支援計画の基準等を定める省令（平成三十一年法務省令第五号）第二条第一項第十三号及び第二項第七号の規定に基づき、出入国管理及び難民認定法第七条第一項第二号の基準を定める省令及び特定技能雇用契約及び一号特定技能外国人支援計画の基準等を定める省令の規定に基づき○○分野に特有の事情に鑑みて当該分野を所管する関係行政機関の長が告示で定める基準

＜自動車整備＞

○出入国管理及び難民認定法第七条第一項第二号の基準を定める省令及び特定技能雇用契約及び一号特定技能外国人支援計画の基準等を定める省令の規定に基づき○○分野に特有の事情に鑑みて当該分野を所管する関係行政機関の長が告示で定める基準を定める件

＜航空＞＜宿泊＞

○出入国管理及び難民認定法第七条第一項第二号の基準を定める省令及び特定技能雇用契約及び一号特定技能外国人支援計画の基準等を定める省令の規定に基づき○○分野に特有の事情に鑑みて当該分野を所管する関係行政機関の長が告示で定める基準

＜農業＞＜漁業＞

○特定技能雇用契約及び一号特定技能外国人支援計画の基準等を定める省令（平成三十一年法務省令第五号）第二条第一項第十三号及び第二項第七号の規定に基づき、○○分野に特有の事情に鑑みて定める基準

＜飲食料品製造＞＜外食業＞

○出入国管理及び難民認定法第七条第一項第二号の基準を定める省令及び特定技能雇用契約及び一号特定技能外国人支援計画の基準等を定める省令の規定に基づき○○分野に特有の事情に鑑みて定める基準

基本方針　特定技能の在留資格に係る制度の運用に関する基本方針（平成30年12月25日閣議決定）

技能実習運用要領　技能実習制度運用要領（平成30年６月版）

特定技能運用要領　特定技能外国人受入れに関する運用要領（令和２年４月版）

支援運用要領　１号特定技能外国人支援に関する運用要領（平成31年３月法務省編）

審査要領　入国・在留審査要領（法務省入国管理局）

安衛法　労働安全衛生法（昭和47年法律第57号）

安衛則　労働安全衛生規則（昭和47年労働省令第32号）

職安法　職業安定法（昭和22年法律第141号）

職安法規則　職業安定法施行規則（昭和22年労働省令第12号）

労基法　労働基準法（昭和22年法律第49号）

労基則　労働基準法施行規則（昭和22年厚生省令第23号）

労働施策総合推進法　労働政策の総合的な推進並びに労働者の雇用の安定及び職業生活の充実等に関する法律（昭和41年法律第132号）

労働施策総合推進法規則　労働政策の総合的な推進並びに労働者の雇用の安定及び職業生活の充実等に関する法律施行規則（昭和41年労働省令第23号）

職業紹介運営要領　職業紹介事業の業務運営要領（改定版）（令和２年３月　厚生労働省）

目　次

第３　受入れの実施　50

第４　受入れ後の事象　74

第５　技能実習制度　79

第６　その他の在留資格の外国人材への支援　94

第１　はじめに

［ポイント］

・2019年４月から特定技能制度が開始された。

・特定技能制度では、受入企業に「一号特定技能外国人支援」という生活支援を行うことが義務づけられた。

・一号特定技能外国人支援は、働く外国人材にとって重要なものであり、適切に実施する必要がある。

1　特定技能制度の開始

2019年４月１日に「出入国管理及び難民認定法及び法務省設置法の一部を改正する法律」（平成30年法律第102号）が施行され、新設された在留資格である「特定技能」の運用が開始され、特定技能制度が始まった[1]。

特定技能制度の意義は「中小・小規模事業者をはじめとした深刻化する人手不足に対応するため、生産性向上や国内人材の確保のための取組を行ってもなお人材を確保することが困難な状況にある産業上の分野において、一定の専門性・技能を有し即戦力となる外国人を受け入れ」ることにある（基本方針１頁）。

これまで、産業・サービスの現場を支えてくれている外国人材として技能実習生[2]がいる。しかし、技能実習[3]は、「人材育成を通じた開発途上地域等への技能、技術又は知識（以下「技能等」という。）の移転による国際協力」が目的であり（技能実習法１条）、労働力の需給の調整の手段として行われるものではない（同法３条２項）。

他方で、特定技能制度は、「深刻化する人手不足に対応する」ための制度として制度目的が設定されている。この点で「働き手」を招聘する制度であるといえる。

しかし、日本に働きに来てくれる外国人材は、当たり前だが、仕事ばかりするわけではなく、日本に住み、生活する。そういった衣食住が安心・安全に行えなければ、才能がある外国人材であっても、職場で才能を発揮することは難しい。その点で、受入企業による支援（サポート）が必要であるといえる。

1　本書では在留資格「特定技能」及びそれに付随する制度の総体を「特定技能制度」と呼称する。
2　技能実習法２条１項に同じ。
3　技能実習法２条１項に同じ。

2　特定技能制度と一号特定技能外国人支援

特定技能制度では、受入企業である特定技能所属機関[4]が特定技能外国人[5]のうち、「特定技能１号」で在留する外国人材（以下「一号特定技能外国人」という。）に対し、一号特定技能外国人が「特定技能１号」の在留資格で認められた活動を安定的かつ円滑に行うことができるようにするための職業生活上、日常生活上又は社会生活上の支援である「一号特定技能外国人支援」を実施する義務を負う（入管法19条の22第１項）。

特定技能所属機関は、「一号特定技能外国人支援」の実施を自社で行うことも、第三者に全部または一部の実施を委託することも可能である（入管法19条の22第２項）。そして、契約によって委託を受けて「一号特定技能外国人支援」を実施する機関として、登録支援機関[6]という制度も新設され、特定技能所属機関は、自社で「一号特定技能外国人支援」を実施するか、登録支援機関に実施の全部を委託するか、それとも、登録支援機関を含む第三者に実施の一部を委託するか選択することができるようになった。

一号特定技能外国人が「特定技能１号」の在留資格に基づき日本で働くことができるのは、通算５年間である（上陸許可基準）。そのため、他の在留資格に変更しない場合には、「特定技能１号」の在留資格で勤務してから、５年後には自社の社員ではなくなってしまう可能性もある。しかし、有期であるといっても、一号特定技能外国人も自社の事業を遂行してくれる大切な「社員」である。そのため、特定技能所属機関は、自社の社員である一号特定技能外国人が、日本で安心・安全に生活して、仕事に取り組むことができるよう、最適な一号特定技能外国人支援を提供するという意識を持つことが望ましい。

3　一号特定技能外国人支援の重要性

一号特定技能外国人支援の内容は、職業生活上、日常生活上又は社会生活上の支援であり、具体的には、①事前ガイダンス、②出入国の際の送迎、③住居確保・生活に必要な契約支援、④生活オリエンテーション、⑤公的手続への同行、⑥日本語学習機会の提供、⑦相談・苦情への対応、⑧日本人との交流促進、⑨継続雇用できない場合の支援、⑩定期面談・行政への通報の10項目からなる（入管法２条の５第６項、特定技能基準省令３条１項１号）。

筆者は、この一号特定技能外国人支援の実施は、とても重要であり形式的になされるべきではなく、よりよい支援を目指し、実質的に行われるべきであると考えている。その理由は、筆者の体験に基づく。筆者は、2015年６月から2017年８月まで、ベトナム社会主義共和国ハノイ市に所在するハノイ法科大学で教鞭を取っていた。ハノイ法科大学は司法省が管轄する国立大学であり、ベトナムの組織内で勤務していたことになる。筆者が所属し

4　入管法２条の５第５項に同じ。
5　入管法19条の18第２項１号に同じ。
6　入管法19条の27第１項に同じ。

ていたのは、ハノイ法科大学と名古屋大学が設置する日本法教育研究センターであったため、職場では日本語を使うことができた。しかし、生活する上ではベトナム語を使う必要があり、赴任当初の半年は、買い物や移動にも不自由した。自分自身で住宅を借りることもできず、携帯電話の契約もできない、行政の手続もわからないしできない、両替や家賃の支払いすらできなかった。

そのとき筆者を助けてくれたのは、職場の同僚であり、学生であった。賃貸物件の内覧に同行してくれ、銀行や携帯電話の契約にも同行し、手続を補助してくれた。この同僚や学生による支援がなければ、ベトナムでの職業生活も社会生活も、円滑とはほど遠いものになっていたと思う。この筆者が受けた支援は、一号特定技能外国人支援の内容として規定されたものに含まれている。

今後、日本で働いてくれる多くの一号特定技能外国人も、一号特定技能外国人支援があったおかげで、日本で安心・安全に働くことができたと感じるようになるのではないかと思う。一号特定技能外国人支援の実施を通じて、より良い外国人材への支援の実務が確立されることが望ましい。

第２　受入可否の判断・受入体制の整備

［ポイント］

・特定技能制度では、一号特定技能外国人、特定技能所属機関について、それぞれ要件が決まっている。
・一号特定技能外国人を受け入れるにあたって、それぞれの要件を満たしているか確認する必要がある。
・有期雇用の社員についての就業規則について一号特定技能外国人を受け入れるための条項を入れることも検討する必要がある。

1　特定技能制度での受入れ

特定技能制度では、「特定技能１号」の在留資格の許可を得るために、外国人材の要件、特定技能所属機関の要件が定められている。

一号特定技能外国人の採用にあたり、採用を検討している外国人材が「特定技能１号」で定められている外国人材本人の要件を満たすか、及び、自社が特定技能所属機関としての要件を満たすかについて、確認する必要がある。

2　特定技能外国人の採用方法

（1）　技能実習制度における採用方法

技能実習制度においては、団体監理型技能実習実施者等と団体監理型技能実習生等との間における雇用関係の成立のあっせん及び団体監理型技能実習実施者に対する団体監理型技能実習の実施に関する監理は「実習監理」と定義づけられ（技能実習法２条９号）、監理許可（同法23条１項）を得た監理団体（同法２条10号）のみが「実習監理」を行い得るものとされた。そして、監理団体は、職安法30条１項及び33条１項の規定にかかわらず、技能実習職業紹介事業を行うことができる特例が技能実習法で規定されている（同法27条１項）。その結果、技能実習制度の中で活用事例が多い団体監理型技能実習においては、監理団体を通じて技能実習生を採用する必要があった。

団体監理型技能実習制度を図にすると、次のとおりとなる。

図表１　団体監理型技能実習概略図

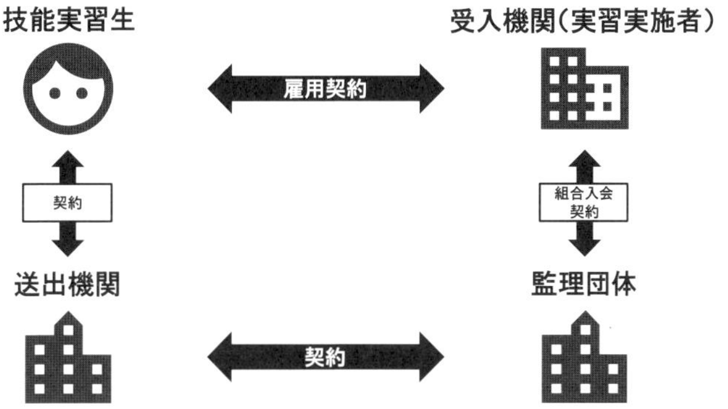

（本書の図表では、Apache license version2.0で配布されたMaterial Icons（https://material.io/resources/icons/）を使用している。）

（2） 特定技能制度における採用方法

特定技能制度においては、特定技能外国人の紹介について特別の規定は入管法等に置かれていないため、一般的な人材紹介と同様に職安法等の規定が適用される。

具体的な採用方法について法務省「外国人材の受入れ制度に係るＱ＆Ａ」[7]では、次のとおりの質疑応答が掲載されている。

Q10　特定産業分野に属する企業は、どのような方法で特定技能の在留資格で受け入れる外国人をリクルートすればよいのでしょうか。

【A】　例えば、①海外に法人を設立している企業において、現地で育成した人材に対して採用活動を実施する[8]、②海外との人材ネットワークを有している業界団体を通じ

7　法務省のウェブサイトに掲載されている（URL：http://www.moj.go.jp/content/001289367.pdf）

8　ベトナムに関する論点ではあるが、企業単独型の技能実習を行う場合、ベトナムに設立されている法人が企業単独型技能実習生を日本に送り出すにあたり、ベトナムの法律である「契約に基づくベトナム人労働者の海外派遣法」（72/2006/QH 11）８条２項に基づき、労働者海外派遣の許可を取得する必要があるか否かという論点がある。この点について外国人技能実習機構が在日ベトナム大使館に照会を行ったところ、「海外に労働者を送り出そうとする者（法人）は、労働者海外派遣免許を取得することが必要であります。企業単独型で送り出す場合も送出しをする企業が同免許を取得いただくことが必要であります。」との回答が得られた旨の資料が外国人技能実習機構のウェブサイトで公開されている（2019年10月24日付の資料としても公表されている（URL：https://www.otit.go.jp/files/user/191024-1.pdf））。

　この応対から、ベトナムでは、日本の在ベトナムの子会社が既に採用している人材についても「契約に基づくベトナム人労働者の海外派遣法」（72/2006/QH 11）の適用があるものと解しているものと思われる。ベトナムとの二国間協定によると、海外から特定技能外国人を呼び寄せる場合は、原則として送出機関を通じて受け入れを行う必要がある制度となる見込みであると解されるところ（日本国法務省，外務省，厚生労働省及び警察庁とベトナム国労働・傷病兵・社会問題省との間の在留資格「特定技能」を有する外国人に係る制度の適正な運用のための基本的枠組みに関する協力覚書６⑴）、上記の応対及び二国間協定の内容からは、在ベトナムの子会社の従業員を特定技能外国人として日本に招聘する場合にも、（取次）送出機関を通じて受け入れを行う必要があるものと解される。

て海外において採用活動を実施するなどが考えられます。その他、公的職業紹介機関や民間の職業紹介所を介することも可能ですが、職業紹介については、職業安定法を所管する厚生労働省にお問合せ願います。
（脚注は筆者記載）

ア　職業紹介について

「職業紹介」とは、求人及び求職の申込みを受け、求人者と求職者との間における雇用関係の成立のあっせんを行うことをいう（職安法４条１項）。この職業紹介に際し、いかなる名義でも手数料又は報酬を得ないで行う職業紹介を「無料の職業紹介」といい（職安法４条２項）、それ以外を「有料の職業紹介」（職安法４条３項）という。

職業紹介における求人者、求職者、職業紹介事業者（職安法４条９項）との関係を図にすると、次のとおりとなる。

図表２　職業紹介概略図

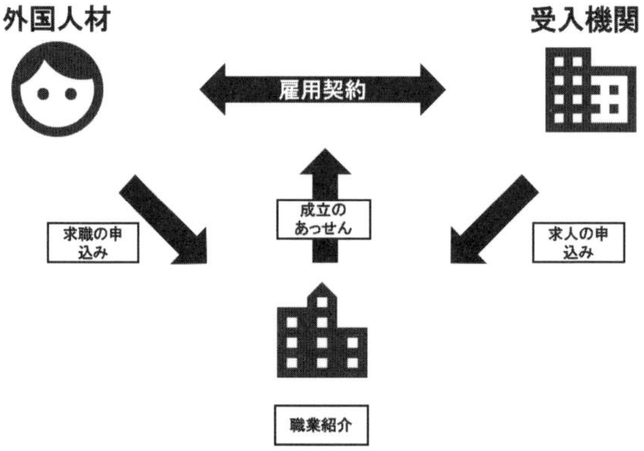

㈠　対象となる職種

有料職業紹介では、港湾運送の業務、建設業務についての職業紹介を行うことができない（職安法32条の11）。そのため、建設分野の特定技能外国人を一般の有料職業紹介事業者が有料職業紹介の対象とすることはできないため、注意が必要である。なお、無料職業紹介については、かかる制限は適用されない（職安法33条４項、同法33条の３第２項参照）。

㈡　国外にわたる職業紹介

国外にわたる職業紹介とは、国外に所在する求人者と国内に所在する求職者との間、または、国外に所在する求職者と国内に所在する求人者との間における雇用契約の成立のあっせんを行うことをいう（職業紹介運営要領２頁）。例えば、特定技能外国人を海外の送出機関（取次機関）を通じて日本国内の事業者に紹介する場合は、国外にわたる紹介事業に該当する。

この国外にわたる職業紹介を行う場合、行為の一部は日本国外で行われるものであるが、職安法の規制の対象となる（職業紹介運営要領２頁）。

国外にわたる職業紹介を行う場合は、職業紹介事業者は、許可時点であれば、許可の申請書に添付する書類として「相手先国に関する書類」、及び、取次機関を利用するときは、「取次機関に関する書類」を提出する必要がある（職安法30条４項、職安法規則18条３項１号ル、ヲ）。無料職業紹介の許可・届出の場合も同様である（職安法33条４項、職安法33条の３、職安法30条４項、職安法規則18条３項１号ル、ヲ）。

㋒　職業紹介業と登録支援機関の兼業

職業紹介業と登録支援機関を兼ねることは禁止されていない。そのため、実務上は職業紹介業と登録支援機関を兼ね、職業紹介事業者が特定技能外国人を受入機関である特定技能所属機関に紹介し、その後の一号特定技能外国人も当該職業紹介事業者兼登録支援機関が行う例も多い。

特定技能制度において、職業紹介事業者が登録支援機関を兼ねている場合で、取次送出機関[9]が特定技能外国人の取次を行う場合を図にすると次のとおりとなる。

図表３　特定技能制度概略図

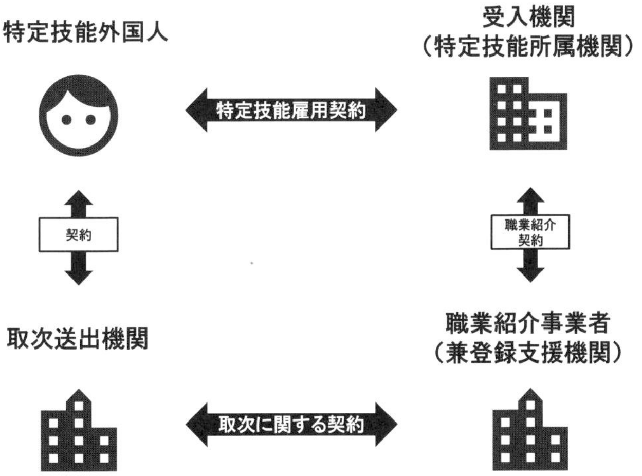

3　外国人材の要件

（1）　一号特定技能外国人の要件

一号特定技能外国人の要件は、入管法７条１項２号、上陸許可基準令で規定されており、要件が充足されていることを立証するための資料とあわせてまとめたのが次の表である。

9　取次送出機関が関与する必要があるか否かは、送出国の法令及び二国間協力覚書によって規定される。

図表4　一号特定技能外国人要件充足チェックリスト

番号	要件	立証資料	確認
①	18歳以上であること		□
②	健康状態が良好であること	・健康診断個人票（資料10・参考様式1－3） ・受診者の申告書（資料10・参考様式1－3別紙）	□
③	必要な技能を有していることが、試験その他の評価方法により証明されていること、または、第二号技能実習を良好に修了している者であり、かつ、技能実習において修得した技能が、従事しようとする業務において要する技能と関連性が認められること	[共通] ・特定技能外国人の履歴書（資料1・参考様式1－1）	□
		[技能実習ルート] 次のいずれか（省略できる場合あり） ・技能検定合格証書 ・評価調書（参考様式1－2） ・理由書及び技能実習の実施状況を説明する文書（任意様式）	□
		[試験ルート] ・技能試験合格証書	□
		[その他産業分野別のルート] ・産業分野別に示されたもの	□
④	必要な日本語能力を有していることが、試験その他の評価方法により証明されていること、または、第二号技能実習を良好に修了している者であり、かつ、技能実習において修得した技能が、従事しようとする業務において要する技能と関連性が認められること	[共通] ・特定技能外国人の履歴書（資料1・参考様式1－1）	□
		[技能実習ルート] 次のいずれか（省略できる場合あり） ・技能検定合格証書 ・評価調書（参考様式1－2） ・理由書及び技能実習の実施状況を説明する文書（任意様式）	□
		[試験ルート・共通] 次のいずれか ・日本語能力試験N4合格証 ・国際交流基金日本語基礎テスト判定結果通知書 [介護] ・介護日本語評価試験	□
		[その他産業分野別のルート] ・産業分野別に示されたもの	□
⑤	退去強制の円滑な執行に協力する外国政府（イラン・イスラム共和国以外の国・地域）が発行した旅券を所持していること		□

⑥	特定技能１号での在留期間が通算して５年に達していないこと	・特定技能外国人の履歴書（資料１・参考様式１－１）	□
⑦	保証金の徴収等をされていないこと	・事前ガイダンスの確認書（資料８・参考様式１－７） ・支払費用の同意書及び明細書（資料９・参考様式１－８） ・一号特定技能外国人支援計画書（資料５・参考様式１－17）	□
⑧	外国の機関に費用を支払っている場合は、額・内訳を十分に理解して機関との間で合意していること	・事前ガイダンスの確認書（資料８・参考様式１－７） ・支払費用の同意書及び明細書（資料９・参考様式１－８）	□
⑨	送出し国で遵守すべき手続が定められている場合は、その手続を経ていること	二国間協定で定められたもの	□
⑩	食費、居住費等外国人が定期に負担する費用について、その対価として供与される利益の内容を十分に理解した上で合意しており、かつ、その費用の額が実費相当額その他の適正な額であり、明細書その他の書面が提示されること	・雇用条件書の写し（資料７・参考様式１－６） ・事前ガイダンスの確認書（資料８・参考様式１－７） ・徴収費用の説明書（参考様式１－９） ・一号特定技能外国人支援計画書（資料５・参考様式１－17）	□
⑪	分野に特有の基準に適合すること	[介護、ビルクリーニング、素形材産業、産業機械製造業、電気・電子情報関連作業、建設、造船・船用工業、自動車整備、航空、宿泊、飲食料製造、外食] 労働者派遣の対象としない旨が定められていること	□

ア　年齢に関するもの（要件①）

労働基準法では、18歳に満たない者を年少者とし（労基法57条）、労働時間及び休日（同法60条）、深夜業（同法61条）、危険有害業務の就業制限（同法62条）、坑内労働の禁止（同法63条）、帰郷費用（同法64条）等、特別の保護規定を定めている。この点に鑑み、特定技能外国人についても18歳以上であることを求めるものとしている（特定技能運用要領12頁）。

イ　健康状態に関するもの（要件②）

特定技能外国人が、本邦で特定技能に係る活動を安定的かつ継続的に行うことを確保するため、健康状態が良好であることを求めるものである。

新たに入国する場合には、申請の日から遡り３ヶ月以内の医師の診断書が必要となる。他方で、技能実習生や留学生など、既に日本に在留中の者の場合は、申請の日から遡って

１年以内に日本の医療機関で医師の診断書を提出することが可能である（特定技能運用要領13頁）。

「胸部エックス線検査」に異常所見がある場合は、喀痰検査を実施し、活動性結核ではないことを確認することが求められる点に注意を要する（特定技能運用要領13頁）。

ウ　技能水準及び日本語能力の水準に関するもの（要件③・④）

一号特定技能外国人は、従事しようとする業務に必要な相当程度の知識又は経験を必要とする技能を有していることを試験その他の評価方法により証明することが必要である。試験その他の評価方法については分野別運用方針（入管法２条の４第２項３号）及び分野別運用要領に規定がされている。14特定産業分野の分野別運用方針で、日本語能力についてはは日本語能力試験N4合格または国際交流基金日本語基礎テストの判定を日本語能力水準及び評価方法にあげている（なお、介護分野は「介護日本語評価試験」への合格が加重される。）。また、それぞれの業務区分についての技能水準及び評価方法については、14特定産業分野の業務区分ごとに評価試験が規定されている。

業務区分ごとの技能試験は、国外における試験実施を前提とした上で、各分野における人材受入れ需要等を考慮し、国内においても実施される（平成31年２月法務省入国管理局「「特定技能」に係る試験の方針について」）。この「「特定技能」に係る試験の方針について」は、2020年４月１日以降は改正された方針が適用される。これまで「技能実習」の在留資格を有する者など、一定の在留資格で在留する者等が受験することができなかったが、2020年４月１日以降は「短期滞在」を含め在留資格を有している者であれば受験することができるようになる。しかし、受験し合格できれば「特定技能」へ移行が可能なわけではないので注意を要する。

この日本語能力及び技能水準に関する試験の合格等については、第二号技能実習[10]を良好に修了している者[11]であり、かつ、修了した第二号技能実習において修得した技能等が、特定技能１号の活動で従事しようとする業務と関連性が認められる場合は、免除される。従事する業務と第二号技能実習における移行対象職種・作業の関連性については、分野別運用要領に規定されている。

10　技能実習法施行以前の技能実習を修了した者等を含む（上陸許可基準令附則（平成31年３月15日法務省令第７号）８条）。

11　「良好に修了している」とは、技能実習を２年10ヶ月以上行い、①第二号技能実習を行う際の技能実習計画において目標として定めた技能検定３級等に合格していること、又は、②技能検定３級等に合格していないものの、特定技能外国人が技能実習を行っていた実習実施者が、当該外国人の実習中の出勤状況や技能等の修得状況、生活態度等を記載した評価調書（参考様式１－２）により、第二号技能実習を良好に修了したと認められることをいう（特定技能運用要領15頁）。なお、技能実習を行っていた実習実施者が、当該外国人材について特定技能所属機関となる場合（外国人材が第二号技能実習修了後一時帰国した場合も含む。）は、当該実習実施者（特定技能所属機関）が過去１年以内に技能実習法の「改善命令」を受けていない場合には評価調書の提出を省略することができる（特定技能運用要領16頁）。

また、介護分野の介護日本語評価試験以外の日本語能力に関する試験は、第二号技能実習を良好に修了している場合には、修了した技能実習の職種作業に関わらず免除される。

この試験等に合格するルート（試験ルート）と、第二号技能実習を修了するルート（技能実習ルート）を図示すると、次のとおりとなる。

図表５　「特定技能１号」へのルート

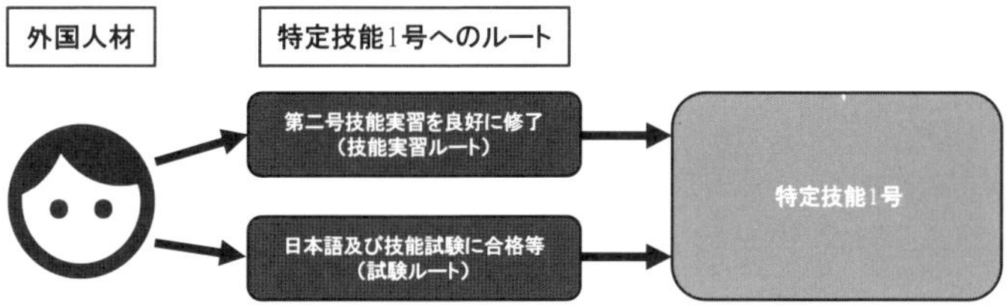

エ　退去強制令書の円滑な執行への協力に関するもの（要件⑤）

入管法における退去強制令書が発付されて送還されるべき外国人について、自国民の引取り義務を履行しない等、退去強制令書の円滑な執行に協力しない国・地域からの外国人材の受入れは認められない。該当する国、地域としては、イラン・イスラム共和国を除いた国と地域である（平成31年法務省告示第85号）。

オ　通算在留期間に関するもの（要件⑥）

「特定技能１号」の在留期間の上限は、通算５年である。通算される期間には、次の期間を含む（特定技能運用要領20頁）。特にみなし再入国許可による出国（入管法26条の２）による出国期間を含むため、「特定技能１号」の在留資格を許可されている期間について、本国への一時帰国を予定している場合には注意が必要である。

◆特定技能運用要領

・失業中や育児休暇及び産前産後休暇等による休暇期間
・労災による休暇期間
・再入国許可による出国（みなし再入国許可による出国を含む。）による出国期間
・「特定技能１号」を有する者が行った在留期間更新許可申請又は在留資格変更許可申請中（転職を行うためのものに限る。）の特例期間
・平成31年４月の施行時の特例措置として「特定技能１号」への移行準備のために就労活動を認める「特定活動」で在留していた期間

カ　保証金・違約金契約等に関するもの（要件⑦）

一号特定技能外国人の本邦における活動に関与する機関（特定技能所属機関、登録支援機関、職業紹介事業者等）だけではなく、本国及び日本のブローカー等を含め、保証金や違

約金の徴収を禁止する規定である。

外国人材が送出機関等と接触する前にブローカーに金銭を支払ってしまった場合に、外国人材が手助け等を求め難くならないような運用が必要な点は、技能実習と同じである。

キ　費用負担に関するもの（要件⑧・⑩）

一号特定技能外国人が、過度な経済的負担を負って日本に入国することがないように、特定技能雇用契約の申込みを取り次ぐ等する機関（主に送出機関が想定されると解される）との間の費用について、金額と内容を十分に理解し、当該機関と合意していることを求めるものである。

また、食費や住宅費など、定期的に負担する費用については、一号特定技能外国人が費用の対価として提供される役務の内容を十分に理解した上で合意し、かつ、費用が適正な金額であり、費用の明細が書面で示されることを要する。

なお、食費や住宅費を賃金から控除する場合には、労使協定が必要である点は、技能実習の場合と同様である（労基法24条１項）。

ク　本国において遵守すべき手続に関するもの（要件⑨）

日本で特定技能の活動を行うにあたり、本国で必要な手続がある場合は、当該手続を履行していることを求めるものである。特定技能制度では、送出国との間で二国間協力覚書が締結された場合、当該二国間協力覚書の中で必要な手続が規定される場合がある。

2020年１月時点での二国間協力覚書が締結されている国は、フィリピン、カンボジア、ネパール、ミャンマー、モンゴル、スリランカ、インドネシア、ベトナム、バングラデシュ、ウズベキスタン、パキスタン及びタイである。

この二国間協定が締結された国において、当該国で特定技能外国人に係る送出手続について日本側が確認することが約された国については、上陸・在留審査時において上陸許可基準の適合性の審査として、当該国の手続を行ったことに関する証明書（登録証明書、推薦者表等）の提出が必要となる。また、当該送出国において査証の発給要件として手続が規定される国や出国の要件として規定されている国もある。

2020年１月で手続が定められている国はカンボジア、インドネシア、ネパール及びフィリピンであり、各国々の手続は次のとおりである。

㈠　カンボジア

カンボジアの場合、カンボジアから日本に上陸し「特定技能１号」の許可を受ける場合も、既に日本に何らかの在留資格で在留し「特定技能１号」への在留資格に変更する場合にも、登録証明書の添付が必要である。

いずれも、特定技能雇用契約を締結した後に、カンボジア職業訓練省（MoLVT）から認定を受けた送出機関を通じて登録証明書の発行申請を行い、カンボジア職業訓練省（MoLVT）から証明書の交付を受け、在留資格認定証明書交付申請書又は在留資格変更許可申請書の添付資料として地方出入国在留管理局に提出。登録証明書の発行申請をしてから発行されるまでの期間は、現時点で不明であるが、仮に時間がかかる場合、当該期間を含めて在留諸申請を行う必要があるため、注意が必要である。

(イ)　インドネシア

インドネシアの場合、インドネシアから日本に上陸し「特定技能１号」の許可を受ける場合には、査証の発給要件としてインドネシア政府の海外労働管理サービスシステム（SISKOTKLN）へ登録し、当該登録によって取得した海外労働許可ID番号を提出することが必要である。また、既に日本に何らかの在留資格で在留し「特定技能１号」への在留資格に変更する場合にもインドネシア政府の海外労働管理サービスシステム（SISKOTKLN）への登録、及び、在京インドネシア大使館において海外労働者登録手続（届出）が必要となる。そして、当該登録手続が完了すると、登録手続済証明書（推薦状）が発行される。

もっとも、このインドネシア政府の海外労働管理サービスシステム（SISKOTKLN）への登録や登録手続済証明書（推薦状）は、2020年３月時点では、上陸許可基準該当性の審査対象とはされていない。そのため、インドネシアの場合、インドネシアから日本に上陸する場合の査証発給要件として送出国側の手続が規定されており、在留資格認定証明書交付申請及び在留資格変更許可申請時に、登録手続済証明書（推薦状）等を添付する必要は、現時点では、ない。

(ウ)　ネパール

ネパールでは、ネパールから日本に上陸し「特定技能１号」の許可を受ける場合には、出国前にネパール労働・雇用・社会保障省海外雇用局日本担当部門から海外労働許可証の発行を受け、出国時に労働許可証を提示することが定められている。

また、既に日本に何らかの在留資格で在留し「特定技能１号」への在留資格に変更する場合にも、一時帰国の際にネパール労働・雇用・社会保障省海外雇用局日本担当部門から海外労働許可証の発行を受け、出国時に労働許可証を提示することが定められている。

このようにネパールでは、出国の要件として労働許可証の提示が定められており、在留資格認定証明書交付申請及び在留資格変更許可申請時に、労働許可省等を添付する必要は、現時点では、ない。

(エ)　フィリピン

フィリピンの場合、日本の特定技能所属機関となろうとする法人が、フィリピン側の手続として、必要書類を日本のフィリピン海外労働局（Philippine Overseas Labor Office、以下「POLO」という。）に提出し所定の審査を受けた上で、フィリピンの海外雇用庁（Philippine Overseas Employment Administration、以下「POEA」という。）に登録される必要がある。POLOへの提出書類については、所定の様式に則って作成することが必要とされる。提出書類についてはガイドライン（D.O. 201-A-2019 – Verification Guidelines on the Deployment of Workers to Japan under the residence status of Specified Skilled Workers visa 1 & 2）を参照頂きたい（URL：https://polotokyo.dole.gov.ph/specified-skilled-workers-1-2/）。

その上で、特定技能外国人がOECを取得した上で、フィリピンの出国時にOECを提示する必要がある。

このように、フィリピンでは出国の要件としてOECの提示が求められているが、在留資格認定証明書交付申請及び在留資格変更許可申請時に別に添付する書類が必要となることは現時点ではない。

ケ　分野に特有の基準に関するもの（要件⑪）

特定産業分野ごとの特有の事情に鑑みて、個別に定められた基準に適合する必要がある。2020年３月時点において、個別に定められた基準は、次のとおりである。

図表６　特定技能外国人に係る上乗せ基準告示

特定産業分野	告示	内容
介護	上乗せ基準告示（介護）	特定技能雇用契約において、当該申請人（特定技能外国人）を労働者派遣の対象としない旨が定められていること。
ビルクリーニング	上乗せ基準告示（ビルクリーニング）	特定技能雇用契約において、当該申請人（特定技能外国人）を労働者派遣の対象としない旨が定められていること。
素形材産業	上乗せ基準告示（素形材産業）	当該申請人（特定技能外国人）を労働者派遣の対象とすることを内容とする特定技能雇用契約を締結していないこと。
産業機械製造業	上乗せ基準告示（産業機械製造業）	当該申請人（特定技能外国人）を労働者派遣の対象とすることを内容とする特定技能雇用契約を締結していないこと。
電気・電子情報関連産業	上乗せ基準告示（電気・電子情報関連産業）	当該申請人（特定技能外国人）を労働者派遣の対象とすることを内容とする特定技能雇用契約を締結していないこと。
建設	上乗せ基準告示（建設）	申請人（特定技能外国人）が、労働者派遣及び建設業務労働者の就業機会確保[12]の対象となることを内容とする特定技能雇用契約を締結していないこと。
造船・舶用工業	上乗せ基準告示（造船・舶用工業）	申請人（特定技能外国人）が、労働者派遣の対象となることを内容とする特定技能雇用契約を締結していないこと。
自動車整備	上乗せ基準告示（自動車整備）	申請人（特定技能外国人）が、労働者派遣の対象となることを内容とする特定技能雇用契約を締結していないこと。

12 建設労働者の雇用の改善等に関する法律（昭和51年法律第33号）２条９項に規定する。

航空	上乗せ基準告示（航空）	申請人（特定技能外国人）が、労働者派遣の対象となることを内容とする特定技能雇用契約を締結していないこと。
宿泊	上乗せ基準告示（宿泊）	申請人（特定技能外国人）が、労働者派遣の対象となることを内容とする特定技能雇用契約を締結していないこと。
農業	上乗せ基準告示（農業）	NA
漁業	上乗せ基準告示（漁業）	NA
飲食料品製造	上乗せ基準告示（飲食料品製造）	申請人（特定技能外国人）が、申請人を労働者派遣の対象とすることを内容とする特定技能雇用契約を締結していないこと。
外食業	上乗せ基準告示（外食業）	申請人（特定技能外国人）が、申請人を労働者派遣の対象とすることを内容とする特定技能雇用契約を締結していないこと。

（2）　二号特定技能外国人

「特定技能２号」の在留資格で活動する特定技能外国人（以下「二号特定技能外国人」という。）の要件も、入管法７条１項２号及び上陸許可基準令で規定される。

二号特定技能外国人については、上陸許可基準令に「本邦の公私の機関が同条第三項（第二号を除く。）及び第四項の規定に適合すること」とあるとおり、適合一号特定技能外国人支援の適正な実施を基準として規定した入管法２条の５第３項２号が適用されていないところ、一号特定技能外国人支援を要しない。

また、技能実習の活動に従事していた者が「特定技能２号」の在留資格の許可を受けようとする場合には、技能等について本国への移転に努めるものと認められることが必要である（参考様式第１－10）。

4　受入れ機関の要件

受入れ機関の要件は、①特定技能雇用契約が満たすべき基準（入管法２条の５第１項、第２項、特定技能基準省令１条）、②受入れ機関自体の基準（入管法２条の５第３項、４項、特定技能基準省令２条１項）、及び、③支援体制の基準（入管法２条の５第３項、特定技能基準省令２条２項）に区分される。

各基準と基準を充足していることを立証するための資料とをまとめたのが、次の表である。

図表7　受入機関の要件充足チェックリスト

番号	要件	立証資料	確認
①特定技能雇用契約が満たすべき基準			
①	分野省令で定める技能を要する業務に従事させるものであること	・特定技能雇用契約書の写し（資料6・参考様式1－5） ・雇用条件書の写し（資料7・参考様式1－6）	□
②	所定労働時間が、同じ受入れ機関に雇用される通常の労働者の所定労働時間と同等であること	・雇用条件書の写し（資料7・参考様式1－6） [変形労働時間制で雇用する場合] ・特定技能外国人が十分に理解できる言語を併記した年間のカレンダーの写し ・労働基準監督署に届け出た変形労働時間制に関する協定書の写し	□
③	報酬額が、日本人が従事する場合の額と同等以上であること	・特定技能外国人の報酬に関する説明書（資料3・参考様式1－4） ※賃金規定を作成している場合は賃金規定を参考資料として提出する。 ・雇用条件書の写し（資料7・参考様式1－6）	□
④	外国人であることを理由として、報酬の決定、教育訓練の実施、福利厚生施設の利用その他の待遇について、差別的な取扱いをしていないこと	・特定技能外国人の報酬に関する説明書（資料3・参考様式1－4） ・雇用条件書の写し（資料7・参考様式1－6）	□
⑤	一時帰国を希望した場合、休暇を取得させるものとしていること	・雇用条件書の写し（資料7・参考様式1－6）	□
⑥	労働者派遣の対象とする場合は、派遣先や派遣期間が定められていること	・労働派遣契約書の写し ・派遣計画書（参考様式1－12） ・就業条件明示書の写し（参考様式1－13）	□
⑦	外国人が帰国旅費を負担できないときは、受入れ機関が負担するとともに契約終了後の出国が円滑になされるよう必要な措置を講ずることとしていること	・雇用条件書の写し（資料7・参考様式1－6）	□
⑧	受入れ機関が外国人の健康の状況その他の生活の状況を把握するために必要な措置を講ずることとしていること		□
⑨	分野に特有の基準に適合すること	※受入機関の産業分野別要件充足チェックリスト参照	□

②受入れ機関自体の基準			
⑩	労働、社会保険及び租税に関する法令を遵守していること	[労働関係法令] ＜労働保険の適用事業所の場合＞ （初めて受入れる場合） ・労働保険料等納付証明書（未納なし証明） （受入れを継続している場合） ・雇用保険被保険者資格取得確認通知書（事業主控）の写し ・領収証書の写し（直近１年分） ・労働保険概算・増加概算・確定保険料申告書（事業主控）の写し（上記の領収証書に対応する分） ＊労働保険事務組合に事務委託している事業場は、事務組合が発行した「労働保険料領収書」の写し（直近１年分）及び「労働保険料等納入通知書」の写し（前記の領収書に対応する分） ＜雇用契約の成立の経緯＞ ・雇用の経緯に係る説明書（参考様式１－16号） ・厚生労働省職業安定局ホームページの「人材サービス総合サイト」の画面を印刷したもの（あっせんする者がある場合のみ提出）	□
		[社会保険関係法令] ＜健康保険・厚生年金保険の適用事業所の場合＞ ・健康保険・厚生年金保険料領収証書の写し（在留諸申請の日の属する月の前々月までの24か月分全て）又は社会保険料納入状況照会回答票 ・納付の猶予許可通知書の写し又は換価の猶予許可通知書の写し（猶予制度（分割納付）の許可を受けている場合） ＜健康保険・厚生年金保険の適用事業所ではない場合＞ ・事業主本人の国民健康保険被保険者証の写し ・事業主本人の国民健康保険料（税）納付証明書 ・納付（税）緩和措置（換価の猶予、納付の猶予又は納付受託）に係る通知書の写し（納付（税）緩和措置（換価の猶予、納付の猶予又は納付受託）の適用を受けることが国	□

			民健康保険料（税）納付証明書に記載されていない場合） ・事業主本人の被保険者記録照会回答票 ・事業主本人の国民年金保険料領収証書の写し（在留諸申請のあった日の属する月の前々月までの24か月分全て）又は被保険者記録照会（納付Ⅱ）	
			[租税関係法令] ＜法人の場合＞ (国税) ・税目を源泉所得税及び復興特別所得税、法人税、消費税及び地方消費税とする納税証明書（その３） ・上記税目のうち、未納がある税目に係る「未納税額のみ」の納税証明書（その１）で、備考欄に換価の猶予、納税の猶予又は納付受託中である旨の記載があるもの（納税緩和措置（換価の猶予、納税の猶予又は納付受託）を受けている場合） (地方税) ・税目を法人住民税とする納税証明書 ・納税緩和措置（換価の猶予、納税の猶予又は納付受託）に係る通知書の写し（納税緩和措置（換価の猶予、納税の猶予又は納付受託）の適用を受けていることが納税証明書に記載されていない場合） ＜個人事業主の場合＞ (国税) ・税目を源泉所得税及び復興特別所得税、申告所得税及び復興特別所得税、消費税及び地方消費税、相続税、贈与税とする納税証明書（その３） ・上記税目のうち、未納がある税目に係る「未納税額のみ」の納税証明書（その１）で、備考欄に換価の猶予、納税の猶予又は納付受託中である旨の記載があるもの（納税緩和措置（換価の猶予、納税の猶予又は納付受託）を受けている場合） (地方税) ・税目を個人住民税とする納税証明書 ・納税緩和措置（換価の猶予、納税の猶予又は納付受託）に係る通知書の写し（納税緩和措置（換価の猶予、納税の猶予又は納付	□

		受託）の適用を受けていることが納税証明書に記載されていない場合）	
⑪	１年以内に特定技能外国人と同種の業務に従事する労働者を非自発的に離職させていないこと	特定技能所属機関概要書（参考様式１－11）	□
⑫	１年以内に受入れ機関の責めに帰すべき事由により行方不明者を発生させていないこと	特定技能所属機関概要書（参考様式１－11）	□
⑬	欠格事由（５年以内に出入国・労働法令違反がないこと等）に該当しないこと	[法人の場合] ・登記事項証明書 ・役員の住民票の写し ・特定技能所属機関の役員の誓約書（様式１－23）（住民票の写しの提出を省略する役員がいる場合） [個人事業主の場合] ・個人事業主の住民票の写し	□
⑭	特定技能外国人の活動内容に係る文書を作成し、雇用契約終了日から１年以上備えて置くこと		□
⑮	外国人等が保証金の徴収等をされていることを受入れ機関が認識して雇用契約を締結していないこと	・事前ガイダンスの確認書（参考様式１－７）	□
⑯	受入れ機関が違約金を定める契約等を締結していないこと	・事前ガイダンスの確認書（参考様式１－７）	□
⑰	支援に要する費用を、直接又は間接に外国人に負担させないこと	・事前ガイダンスの確認書（参考様式１－７） ・一号特定技能外国人支援計画（参考様式１－17）	□
⑱	労働者派遣の場合は、派遣元が当該分野に係る業務を行っている者などで、適当と認められる者であるほか、派遣先が⑩～⑬の基準に適合すること	[共通] ・特定技能所属機関概要書（参考様式１－11） ・派遣計画書（参考様式１－12） ・派遣先についての労働、社会保険及び租税の法令を遵守していることを証明する資料（⑩部分に記載のもの） [分野別] ・派遣先の概要書（農業分野）（参考様式１－14） ・派遣先の概要書（漁業分野）（参考様式１－15）	□

⑲	労災保険関係の成立の届出等の措置を講じていること	・雇用条件書の写し（参考様式１－６） [労働保険の適用事業所の場合] ⑩部分と同じ [労働保険の適用事業所ではない場合] ・民間保険の加入を証明する資料	□
⑳	雇用契約を継続して履行する体制が適切に整備されていること	[法人の場合] ・決算文書（貸借対照表及び損益計算書又は収支計算書）の写し（直近２年分） ・法人税の確定申告書の控えの写し（直近２年分） ・中小企業診断士、公認会計士等の企業評価を行う能力を有すると認められる公的資格を有する第三者が改善の見通しについて評価を行った書面（直近期末において債務超過がある場合） ※省略できる場合あり [個人事業主の場合] ・税目を申告所得税の納税証明書（その２）（直近２年分） ※省略できる場合あり	□
㉑	報酬を預貯金口座への振込等により支払うこと	・雇用条件書の写し（様式１－６）	□
㉒	分野に特有の基準に適合すること	※受入機関の産業分野別要件充足チェックリスト参照	□
③支援体制の基準（登録支援機関に委託する場合は不要）			
㉓	以下のいずれかに該当すること イ　過去２年間に中長期在留者（就労資格のみ。以下同じ。）の受入れ又は管理を適正に行った実績があり、かつ、役職員の中から、支援責任者及び支援担当者（事業所ごとに１名以上。以下同じ。）を選任していること（支援責任者と支援担当者は兼任可。以下同じ） ロ　役職員で過去２年間に中長期在留者の生活相談等に従事した経験を有するものの中から、支援責任者及び支援担当者を選任していること ハ　イ又はロと同程度に支援業務を適正に実施することができる者で、役職員の中から、支援責任者及び支援担当者を選任していること	[共通] ・支援責任者の就任承諾書及び誓約書（参考様式１－19） ・支援責任者の履歴書（参考様式１－20） ・支援担当者の就任承諾書及び誓約書（参考様式１－21） ・支援担当者の履歴書（参考様式１－22） [ハの場合] ・特定技能所属機関概要書（参考様式１－11） ・会社四季報の写し ・主務官庁から設立の許可を受けたことを証明する文書の写し ・直近年度分の給与所得の源泉徴収票等の法定調書合計表（税務署の受付印があるもの）の写し　等	□

㉔	外国人が十分理解できる言語で支援を実施することができる体制を有していること	・特定技能所属機関概要書（参考様式１－11） ・一号特定技能外国人支援計画（参考様式１－17）	□
㉕	支援状況に係る文書を作成し、雇用契約終了日から１年以上備えておくこと		□
㉖	支援責任者及び支援担当者が、支援計画の中立な実施を行うことができ、かつ、欠格事由に該当しないこと	・一号特定技能外国人支援計画（参考様式１－17） ・支援責任者の就任承諾書及び誓約書（参考様式１－19） ・支援責任者の履歴書（参考様式１－20） ・支援担当者の就任承諾書及び誓約書（参考様式１－21） ・支援担当者の履歴書（参考様式１－22）	□
㉗	５年以内に支援計画に基づく支援を怠ったことがないこと		□
㉘	支援責任者又は支援担当者が、外国人及びその監督をする立場にある者と定期的な面談を実施することができる体制を有していること		□
㉙	分野に特有の基準に適合すること	※受入機関の産業分野別要件充足チェックリスト参照	□

図表８　受入機関の産業分野別要件充足チェックリスト

介護	
[運用要領によるもの]	
１．一号特定技能外国人の就業場所が、介護福祉士国家試験の受験資格要件において「介護」の実務経験として認められる施設[13]であること	□
[上乗基準告示によるもの]	
２．受け入れる事業所が、介護等の業務（利用者の居宅においてサービスを提供する業務を除く。）を行うものであること。	□
３．一号特定技能外国人を受け入れる事業所において、一号特定技能外国人の数が、当該事業所の日本人等の常勤の介護職員の総数を超えないこと。	□
４．厚生労働大臣が設置する介護分野における特定技能外国人の受入れに関する協議会の構成員であること。ただし、一号特定技能外国人を受け入れていない機関にあっては、一号特定技能外国人を受け入れた日から４か月以内に協議会の構成員となること。	□
５．協議会に対し、必要な協力を行うこと。	□
６．介護分野への特定技能外国人の受入れに関し、厚生労働大臣が行う必要な調査、指導、情報の収集、意見の聴取その他業務に対して必要な協力を行うこと。	□

13 指定施設における業務の範囲等及び介護福祉士試験の受験資格の認定に係る介護等の業務の範囲等について（昭和 63 年２月12日）（社庶第29号）参照

ビルクリーニング	
１．建築物における衛生的環境の確保に関する法律（昭和45年法律第20号）第12条の２第１項第１号に規定する事業又は第８号に規定する事業の登録を受けた営業所において、特定技能外国人を受け入れること。	□
２．厚生労働大臣が設置するビルクリーニング分野における特定技能外国人の受入れに関する協議会の構成員であること、又は、一号特定技能外国人を受け入れていない場合にあっては、一号特定技能外国人を受け入れた日から４か月以内に協議会の構成員となること。	□
３．協議会に対し、必要な協力を行うこと。	□
４．ビルクリーニング分野への特定技能外国人の受入れに関し、厚生労働大臣が行う必要な調査、指導、情報の収集、意見の聴取その他業務に対して必要な協力を行うこと。	□
素形材産業	
１．一号特定技能外国人が、特定技能雇用契約に基づいて活動を行う事業所が、平成25年総務省告示第405号（統計法第28条の規定に基づき、産業に関する分類を定める件）に定める日本標準産業分類に掲げる産業のうち次のいずれかに掲げるものを行っている[14]こと。 ①　細分類2194－鋳型製造業（中子を含む） ②　小分類225－鉄素形材製造業 ③　小分類235－非鉄金属素形材製造業 ④　細分類2424－作業工具製造業 ⑤　細分類2431－配管工事用附属品製造業（バルブ、コックを除く） ⑥　小分類245－金属素形材製品製造業 ⑦　細分類2465－金属熱処理業 ⑧　細分類2534－工業窯炉製造業 ⑨　細分類2592－弁・同附属品製造業 ⑩　細分類2651－鋳造装置製造業 ⑪　細分類2691－金属用金型・同部分品・附属品製造業 ⑫　細分類2692－非金属用金型・同部分品・附属品製造業 ⑬　細分類2929－その他の産業用電気機械器具製造業（車両用、船舶用を含む） ⑭　細分類3295－工業用模型製造業	□
２．経済産業省が設置する製造業特定技能外国人材受入れ協議・連絡会の構成員であること、又は、特定技能外国人を受け入れていない場合にあっては、当該外国人を受け入れた日から４か月以内に協議・連絡会の構成員となること。	□
３．経済産業省や、協議・連絡会が行う一般的な指導、報告の徴収、資料の要求、意見の報告、現地調査その他業務に対し、必要な協力を行うこと。	□
産業機械製造業分野	
１．一号特定技能外国人が、特定技能雇用契約に基づいて活動を行う事業所が、日本標準産業分類に掲げる産業のうち次のいずれかに掲げるものを行っていること。 ①　細分類2422－機械刃物製造業 ②　小分類248－ボルト・ナット・リベット・小ねじ・木ねじ等製造業 ③　中分類25－はん用機械器具製造業（細分類2534－工業窯炉製造業、細分類2591－消火器具・消火装置製造業及び細分類2592－弁・同附属品製造業を除く。）	□

14「行っている」とは、一号特定技能外国人が業務に従事する事業場において、直近１年間で掲げられた産業について製造品出荷額等が発生していることを意味する。そして、製造品出荷額等とは、直近１年間における製造品出荷額、加工賃収入額、くず廃物の出荷額及びその他収入額の合計であり、消費税及び酒税、たばこ税、揮発油税及び地方揮発税を含んだ額のことを意味する（運用要領別冊）。産業機械製造分野及び電気・電子情報関連産業分野においても同じ（運用要領別冊）。

④　中分類26－生産用機械器具製造業（細分類2651－鋳造装置製造業、細分類2691－金属用金型・同部分品・附属品製造業及び細分類2692－非金属用金型・同部分品・附属品製造業を除く。）
⑤　小分類270－管理、補助的経済活動を行う事業所（27 業務用機械器具製造業）
⑥　小分類271－事務用機械器具製造業
⑦　小分類272－サービス用・娯楽用機械器具製造業
⑧　小分類273－計量器・測定器・分析機器・試験機・測量機械器具・理化学機械器具製造業
⑨　小分類275－光学機械器具・レンズ製造業

2．経済産業省が設置する製造業特定技能外国人材受入れ協議・連絡会（以下「協議・連絡会」という。）の構成員であること、又は、特定技能外国人を受け入れていない場合にあっては、当該外国人を受け入れた日から４か月以内に協議・連絡会の構成員となること。　☐

3．経済産業省や、協議・連絡会が行う一般的な指導、報告の徴収、資料の要求、意見の報告、現地調査その他業務に対し、必要な協力を行うこと。　☐

電気・電子情報関連産業

1．一号特定技能外国人が、特定技能雇用契約に基づいて活動を行う事業所が、日本標準産業分類に掲げる産業のうち次のいずれかに掲げるものを行っていること。　☐
①　中分類28－電子部品・デバイス・電子回路製造業
②　中分類29－電気機械器具製造業（細分類2922－内燃機関電装品製造業及び細分類2929－その他の産業用電気機械器具製造業（車両用、船舶用を含む）を除く。）
③　中分類30－情報通信機械器具製造業

2．経済産業省が設置する製造業特定技能外国人材受入れ協議・連絡会（以下「協議・連絡会」という。）の構成員であること、又は、特定技能外国人を受け入れていない場合にあっては、当該外国人を受け入れた日から４か月以内に協議・連絡会の構成員となること。　☐

3．経済産業省や、協議・連絡会が行う一般的な指導、報告の徴収、資料の要求、意見の報告、現地調査その他業務に対し、必要な協力を行うこと。　☐

建設

1．一号特定技能外国人と特定技能雇用契約を締結する場合にあっては、一号特定技能外国人の受入れに関する計画（以下「建設特定技能受入計画」という。）について、その内容が適当である旨の国土交通大臣の認定を受けていること。　☐
［建設特定技能受入計画認定要件］
①　認定申請者が次に掲げる要件をいずれも満たしていること。
イ　建設業法（昭和24年法律第100号）第３条の許可を受けていること。
ロ　建設キャリアアップシステム（一般財団法人建設業振興基金が提供するサービスであって、当該サービスを利用する工事現場における建設工事の施工に従事する者や建設業を営む者に関する情報を登録し、又は蓄積し、これらの情報について当該サービスを利用する者の利用に供するものをいう。以下同じ。）に登録していること。
ハ　一般社団法人建設技能人材機構又は当該法人を構成する建設業者団体に所属し特定技能外国人受入事業で規定された行動規範を遵守すること。
ニ　建設特定技能受入計画の申請の日前五年以内又はその申請の日以後に、建設業法に基づく監督処分を受けていないこと。
ホ　職員の適切な処遇、適切な労働条件を提示した労働者の募集その他の国内人材確保の取組を行っていること。
②　一号特定技能外国人に対し、同等の技能を有する日本人が従事する場合と同等額

以上の報酬を安定的に支払い、技能習熟に応じて昇給を行うとともに、その旨を特定技能雇用契約に明記していること。

③　一号特定技能外国人に対し、特定技能雇用契約を締結するまでの間に、当該契約に係る重要事項について、様式第二により当該外国人が十分に理解することができる言語で説明していること。

④　一号特定技能外国人の受入れを開始し、若しくは終了したとき又は一号特定技能外国人が特定技能雇用契約に基づく活動を継続することが困難となったときは、国土交通大臣に報告を行うこと。

⑤　一号特定技能外国人を建設キャリアアップシステムに登録すること。

⑥　一号特定技能外国人が従事する建設工事において、申請者が下請負人である場合には、発注者から直接当該工事を請け負った建設業者の指導に従うこと。

⑦　一号特定技能外国人の総数と外国人建設就労者（外国人建設就労者受入事業に関する告示（平成26年国土交通省告示第822号）第２の２に規定する外国人建設就労者をいう。以下同じ。）の総数の合計が常勤の職員（一号特定技能外国人、技能実習生（外国人の技能実習の適正な実施及び技能実習生の保護に関する法律（平成28年法律第89号）第２条第１項に規定する技能実習生をいう。）及び外国人建設就労者を含まない。）の総数を超えないこと。

⑧　一号特定技能外国人に対し、受け入れた後において、国土交通大臣が指定する講習又は研修を受講させること。

２．一号特定技能外国人と特定技能雇用契約を締結する場合にあっては、建設特定技能受入計画を適正に実施し、国土交通大臣又は適正就労監理機関により、その旨の確認を受けること。　□

３．国土交通省が行う調査又は指導に対し、必要な協力を行うこと。　□

造船・船用工業

１．造船法（昭和25年法律第129号）第６条第１項の事業を営む者、小型船造船業法（昭和41年法律第119号）第２条第１項に規定する小型船造船業を営む者その他の造船・舶用工業分野に係る事業を営む者であること。　□

２．国土交通省が設置する造船・舶用工業分野に係る特定技能外国人の受入れに関する協議会の構成員であること。ただし、特定技能外国人を受け入れていない場合にあっては、特定技能外国人を受け入れた日から四月以内に当該協議会の構成員となること。　□

３．前号の協議会に対し、必要な協力を行うこと。　□

４．国土交通省が行う調査又は指導に対し、必要な協力を行うこと。　□

５．登録支援機関に適合一号特定技能外国人支援計画の全部の実施を委託する場合にあっては、２から４のいずれにも該当する登録支援機関に委託すること。　□

自動車整備

１．道路運送車両法（昭和26年法律第185号）第78条第１項に基づき地方運輸局長から認証を受けた事業場を有すること。　□

２．国土交通省が設置する自動車整備分野に係る特定技能外国人の受入れに関する協議会の構成員であること。ただし、特定技能外国人を受け入れていない場合にあっては、特定技能外国人を受け入れた日から四月以内に当該協議会の構成員となること。　□

３．前号の協議会に対し、必要な協力を行うこと。　□

４．国土交通省が行う調査又は指導に対し、必要な協力を行うこと。　□

５．登録支援機関に適合一号特定技能外国人支援計画の全部の実施を委託する場合にあっては、次のいずれにも該当する登録支援機関に委託することとしていること。　□

①　前２から４のいずれにも該当すること。

②　一級又は二級の自動車整備士の技能検定（道路運送車両法第55条第１項の技能検定を

いう。）に合格した者又は自動車整備士の養成施設（同条第３項に規定する養成施設をいう。）において５年以上の指導に係る実務の経験を有する者が置かれていること。	
航空	
1．空港管理規則（昭和27年運輸省令第44号）第12条第１項若しくは第12条の２第１項の承認を受けた者（航空法（昭和27年法律第231号）第100条第１項の許可を受けた者を含む。）若しくは同規則第13条第１項の承認を受けた者若しくは同規則第12条第１項、第12条の２第１項若しくは第13条第１項の規定に準じて定められた条例、規則その他の規程の規定に相当するものに基づき空港管理者により営業を行うことを認められた者であって、空港グランドハンドリングを営む者であること、又は同法第20条第１項第３号、第４号若しくは第７号の能力について同項の認定を受けた者若しくは当該者から業務の委託を受けた者であること。	□
2．国土交通省が設置する航空分野に係る特定技能外国人の受入れに関する協議会の構成員であること。ただし、特定技能外国人を受け入れていない場合にあっては、特定技能外国人を受け入れた日から四月以内に当該協議会の構成員となること。	□
3．前号の協議会に対し、必要な協力を行うこと。	□
4．国土交通省が行う調査又は指導に対し、必要な協力を行うこと。	□
5．登録支援機関に適合一号特定技能外国人支援計画の全部の実施を委託する場合にあっては、２から４のいずれにも該当する登録支援機関に委託すること。	□
宿泊	
1．旅館・ホテル営業（旅館業法（昭和23年法律第138号）第２条第２項に規定する旅館・ホテル営業をいう。①において同じ。）の形態で旅館業を営み、かつ、次のいずれにも該当すること。 ①　旅館業法第３条第１項の旅館・ホテル営業の許可を受けていること。 ②　一号特定技能外国人に、風営法第２条第６項第４号に規定する施設において就労させないこととしていること。 ③　一号特定技能外国人に、風営法第２条第３項に規定する接待を行わせないこととしていること。	□
2．国土交通省が設置する宿泊分野に係る特定技能外国人の受入れに関する協議会の構成員であること。ただし、特定技能外国人を受け入れていない場合にあっては、特定技能外国人を受け入れた日から四月以内に当該協議会の構成員となること。	□
3．前号の協議会に対し、必要な協力を行うこと。	□
4．国土交通省が行う調査又は指導に対し、必要な協力を行うこと。	□
5．登録支援機関に適合一号特定技能外国人支援計画の全部の実施を委託する場合にあっては、２から４のいずれにも該当する登録支援機関に委託することとしていること。	□
農業	
1．一号特定技能外国人を労働者派遣の対象とするものではない場合にあっては、労働者を六月以上継続して雇用した経験を有すること。	□
2．一号特定技能外国人を労働者派遣の対象とする場合にあっては、労働者を６月以上継続して雇用した経験を有する者又は派遣先責任者講習その他これに準ずる講習を受講した者を派遣先責任者（労働者派遣法第41条に規定する派遣先責任者をいう。）として選任している者に当該外国人に係る労働者派遣をすることとしていること。	□
3．農林水産省が設置する農業分野における特定技能外国人の受入れに関する協議会の構成員であること。ただし、特定技能外国人を受け入れていない場合にあっては、特定技能外国人を受け入れた日から四月以内に協議会の構成員となること。	□

4．協議会が行う情報の提供、意見の聴取、現地調査その他の活動に対し、必要な協力を行うこと。	□
5．一号特定技能外国人を労働者派遣の対象とする場合にあっては、４に規定する必要な協力を行う者に当該外国人に係る労働者派遣をすることとしていること。	□
6．登録支援機関に一号特定技能外国人支援計画の全部の実施を委託する場合にあっては、４に規定する必要な協力を行う登録支援機関に委託していること。	□
漁業	
1．農林水産省が設置する漁業分野における特定技能外国人の受入れに関する協議会の構成員であること。ただし、特定技能外国人を受け入れていない場合にあっては、特定技能外国人を受け入れた日から四月以内に協議会の構成員となること。	□
2．協議会において協議が調った事項に関する措置を講ずること。	□
3．協議会及びその構成員が行う報告の徴収、資料の要求、現地調査その他の指導に対し、必要な協力を行うこと。	□
4．一号特定技能外国人を労働者派遣等の対象とする場合にあっては、前号に規定する必要な協力を行う者に当該外国人に係る労働者派遣等をすることとしていること。	□
5．登録支援機関に一号特定技能外国人支援計画の全部の実施を委託する場合にあっては、３に規定する必要な協力を行う登録支援機関に委託していること。	□
飲食料品製造	
1．特定技能外国人が活動を行う事業所が日本標準産業分類に掲げる産業のうち主として次のいずれかに掲げるものを行っていること。 09 食料品製造業 101 清涼飲料製造業 103 茶・コーヒー製造業（清涼飲料を除く） 104 製氷業 5861 菓子小売業（製造小売） 5863 パン小売業（製造小売） 5897 豆腐・かまぼこ等加工食品小売業	□
2．農林水産省、関係業界団体、登録支援機関その他の関係者で構成される飲食料品製造業分野における特定技能外国人の受入れに関する協議会の構成員であること。ただし、特定技能外国人を受け入れていない場合にあっては、特定技能外国人を受け入れた日から四月以内に協議会の構成員となること。	□
3．協議会が行う調査、情報の共有その他の活動に対し、必要な協力を行うこと。	□
4．農林水産省が行う調査、指導その他の活動に対し、必要な協力を行うこと。	□
5．登録支援機関に一号特定技能外国人支援計画の全部の実施を委託する場合にあっては、１から３のいずれにも該当する登録支援機関に委託していること。	□
外食	
1．一号特定技能外国人に、第２条１項に規定する風俗営業及び同条５項に規定する性風俗関連特殊営業を営む営業所において就労させないこととしていること。	□
2．一号特定技能外国人に、風営法第２条第３項に規定する接待を行わせないこととしていること。	□
3．農林水産省、関係業界団体、登録支援機関その他の関係者で構成される外食業分野における特定技能外国人の受入れに関する協議会の構成員であること。ただし、特定技能外国人を受け入れていない場合にあっては、特定技能外国人を受け入れた日から四月以内に協議会の構成員となること。	□

4．協議会が行う調査、情報の共有その他の活動に対し、必要な協力を行うこと。	□
5．農林水産省が行う調査、指導その他の活動に対し、必要な協力を行うこと。	□
6．登録支援機関に一号特定技能外国人支援計画の全部の実施を委託する場合にあっては、3から5のいずれにも該当する登録支援機関に委託していること。	□

（1）　特定技能雇用契約が満たすべき基準

ア　従事させる業務に関するもの（基準①、特定技能基準省令1条1項1号）

特定技能外国人が従事する業務は、特定産業分野に属する業務であり、省令で定める相当程度の知識若しくは経験を必要とする技能を要する業務（特定技能1号）又は当該分野に属する同令で定める熟練した技能を要する業務（特定技能2号）であるため、労働契約における従事させる業務についても、「特定技能」の在留資格における活動を業務内容とするよう求めるものである。

具体的な業務区分については、入管法別表第一の二「特定技能」の下の欄において「法務省令で定める相当程度の知識又は経験を必要とする技能を要する業務」（特定技能1号）又は「法務省令で定める熟練した技能を要する業務」（特定技能2号）と規定され、当該別表第一の二の規定を受けて、分野省令において「基本方針にのっとりそれぞれ当該分野（中略）に係る分野別運用方針及び運用要領（中略）で定める水準を満たす技能とする。」と規定され、分野別運用方針及び分野別運用要領において定められている。

イ　所定労働時間に関するもの（基準②、特定技能基準省令1条1項2号）

特定技能外国人の所定労働時間について、特定技能所属機関に雇用される通常の労働者と同等であることを求めるものである。

「通常の労働者」とは、フルタイム[15]で雇用される労働者をいい、アルバイトやパートタイムで雇用される短時間労働者は含まれない（特定技能運用要領40頁）。特定技能所属機関の通常の労働者の所定労働時間と同等であることが求められるため、特定技能外国人は、フルタイムで特定技能所属機関の業務に従事することになる[16]。そのため、特定技能外国人は、複数の特定技能所属機関に所属することはできない（特定技能運用要領40頁）。

特定技能外国人が複数の特定技能所属機関に所属することは認められないことから、「出向」のうち、出向元及び出向先の双方と労働者の間に労働契約関係がある「在籍型出向」として、出向元から出向先に出向する形態で、特定技能外国人が特定技能雇用契約を締結することは認められない。他方で、出向元との労働契約関係が解消され、出向先との間でのみ労働契約関係が成立する「転籍型出向」であれば、特定技能外国人が出向先であり特

---

15 特定技能制度における「フルタイム」は、原則として、労働日数が週5日以上かつ年間217日以上であり、かつ、週労働時間が30時間以上であることをいう（特定技能運用要領37頁）。

16 基本方針においても「受け入れる外国人の雇用形態については、フルタイムとした上で、原則として直接雇用とする。」と規定される。

定技能所属機関となる機関と、特定技能雇用契約を締結することは認められる（審査要領）。

ウ　報酬・福利厚生等に関する事項（基準③・④、特定技能基準省令１条１項３号・４号）

特定技能雇用契約では、報酬の額が、日本人が従事する場合の報酬と同等額以上であること、及び、報酬の決定、教育訓練、福利厚生施設の利用等について差別的取扱いをしていないことを求めるものである。

「報酬」は、他の「技術･人文知識･国際業務」や「技能実習」の場合と同様であり、「一定の役務の給付の対価として与えられる反対給付」をいい、原則として、通勤手当、扶養手当、住宅手当等の実費弁償の性格を有するもの（課税されるものは除く。）は含まれない（特定技能運用要領39頁）。

㈠　報酬の水準

特定技能外国人は、「特定技能１号」の在留資格で活動する場合、技能実習ルートであれば概ね３年（第二号技能実習修了者）～５年（第三号技能実習修了者）、日本に業務に従事したことがあるところ、報酬の水準としても概ね３～５年の経験者として扱うことが求められ、実際に３～５年程度の経験を積んだ国内人材がいる場合には、当該国内人材に支払っている報酬額とも比較し、適切な報酬額を決定する必要がある（審査要領）。

また、「技能実習２号」の在留資格の技能実習生を受け入れている場合は、特定技能外国人に対する報酬は、当該技能実習生の第二号技能実習修了時の報酬を上回っている必要がある（審査要領）。

㈡　「同等以上であること」について

ⅰ　賃金規定がある場合

特定技能所属機関に賃金規定[17]がある場合には、特定技能外国人と国内人材が同一の賃金規定によって報酬が決定されている場合には「同等以上」とされる（審査要領）。

ⅱ　賃金規定がない場合

（ⅰ）　比較対象となる国内人材がいる場合

役職、職務内容、責任の程度等が特定技能外国人と同等である国内人材がいる場合、当該国内人材の報酬と比較して、特定技能外国人の報酬が同等以上であることが必要である（審査要領）。

（ⅱ）比較対象となる国内人材がいない場合

特定技能外国人と近い業務内容等を担う国内人材がいる場合には、最も近い業務内容等を担う国内人材と比較し、当該国内人材と特定技能外国人の報酬の額が、国内人材と特定

17　特定技能外国人と国内人材に支払われる報酬の額が同一であるという考え方に基づいて策定された賃金規定である必要がある（審査要領）。

技能外国人との役職、職務内容、責任の程度について、両者の差を合理的に説明できる必要がある。そして、当該差を考慮し、国内人材の報酬と特定技能外国人の報酬を比較し、報酬が妥当といえる必要がある（審査要領）。

特定技能外国人と近い業務内容等を担う国内人材がいない場合には、近隣同業他社において同等の業務に従事する特定技能外国人の報酬額と比較し、当該差が妥当なものといえる必要がある（審査要領）。

エ　一時帰国休暇の取得に関するもの（基準⑤、特定技能基準省令１条１項５号）

特定技能外国人から一時帰国を希望した場合、特定技能所属機関は、業務上のやむを得ない事情がある場合[18]を除き、有給休暇[19]を取得させる必要がある。既に、労働基準法上の年次有給休暇を取得している特定技能外国人から、一時帰国を希望する旨の申し出があった場合には、追加の休暇（有給または無休）の取得ができるよう配慮することが望ましいとされる（特定技能運用要領42頁）。

オ　派遣先に関するもの（基準⑥、特定技能基準省令１条１項６号）

特定技能制度では、14の特定産業分野のうち「農業分野」及び「漁業分野」については派遣形態での雇用を行うことが可能である。そして、特定技能外国人を労働者派遣（労働者派遣法２条１号）又は船員派遣（船員職業安定法６条11号）の対象とする場合には、派遣先である本邦の公私の機関の氏名・名称、住所、派遣期間を特定技能雇用契約で定めることを要する。

カ　帰国担保措置・健康状況その他生活状況の把握のための必要な措置（基準⑦・⑧、特定技能基準省令１条２項１号・２号）

帰国担保措置における「必要な措置」とは、帰国旅費を負担することのほか、帰国のための航空券の予約及び購入を行うこと等をいう（特定技能運用要領43頁）。

健康の状況その他生活状況の把握のための「必要な措置」とは、緊急連絡網の整備や定期的な面談での確認等をいう（特定技能運用要領45頁）。

キ　分野別に定める基準（基準⑨、特定技能基準省令１条１項７号、同条２項３号）

特定産業分野ごとの特有の事情に鑑みて、特定産業分野に係る運用要領で定められた基準に適合する必要がある。

特定産業分野ごとの特有の事情に鑑みて、個別に定められた基準に適合する必要がある。

---

18 業務上のやむを得ない事情がある場合とは、特定技能外国人が担当する業務が他の外国人材･国内人材によって代替することが不可能な業務であって、休暇希望日において当該特定技能外国人以外に担当可能な人材がおらず、当該休暇取得希望日以外に代替日を設けるのが不可能であることについて合理的な理由がある場合をいう（審査要領）。

19「有給休暇」とは、労働基準法39条の年次有給休暇を含む一般の有給休暇をいう（特定技能運用要領40頁）。

2020年３月時点において、個別に定められた基準は、次のとおりである。

図表９　特定技能雇用契約に係る上乗せ基準告示

素形材産業
特定技能雇用契約に基づいて外国人が同法別表第一の二の表の特定技能の項の下欄第一号に掲げる活動を行う事業所が、日本標準産業分類に掲げる産業のうち次のいずれかに掲げるものを行っていること。 ①　細分類2194－鋳型製造業（中子を含む。） ②　小分類225－鉄素形材製造業 ③　小分類235－非鉄金属素形材製造業 ④　細分類2424－作業工具製造業 ⑤　細分類2431－配管工事用附属品製造業（バルブ、コックを除く。） ⑥　小分類245－金属素形材製品製造業 ⑦　細分類2465－金属熱処理業 ⑧　細分類2534－工業窯炉製造業 ⑨　細分類2592－弁・同附属品製造業 ⑩　細分類2651－鋳造装置製造業 ⑪　細分類2691－金属用金型・同部分品・附属品製造業 ⑫　細分類2692－非金属用金型・同部分品・附属品製造業 ⑬　細分類2929－その他の産業用電気機械器具製造業（車両用、船舶用を含む。） ⑭　細分類3295－工業用模型製造業
産業機械製造業
特定技能雇用契約に基づいて外国人が同法別表第一の二の表の特定技能の項の下欄第一号に掲げる活動を行う事業所が、日本標準産業分類に掲げる産業のうち次のいずれかに掲げるものを行っていること。 ①　細分類2422－機械刃物製造業 ②　小分類248－ボルト・ナット・リベット・小ねじ・木ねじ等製造業 ③　中分類25－はん用機械器具製造業（細分類2535－工業窯炉製造業、細分類2591－消火器具消化装置製造業及び細分類2592－弁・同附属品製造業を除く。） ④　中分類26－生産用機械器具製造業（細分類2651－鋳造装置製造業、細分類2691－金属用金型・同部分品・附属品製造業及び細分類2692－非金属用金型・同部分品・附属品製造業を除く。） ⑤　小分類270－管理、補助的経済活動を行う事業所（27業務用機械器具製造業） ⑥　小分類271－事務用機械器具製造業 ⑦　小分類272－サービス用・娯楽用機械器具製造業 ⑧　小分類273－計量器・測定器・分析機器・試験機・測量機械器具・理化学機械器具製造業 ⑨　小分類275－光学機械器具・レンズ製造業
電気・電子情報関連産業
特定技能雇用契約に基づいて外国人が同法別表第一の二の表の特定技能の項の下欄第一号に掲げる活動を行う事業所が、日本標準産業分類に掲げる産業のうち次のいずれかに掲げるものを行っていること。 ①　中分類28－電子部品・デバイス・電子回路製造業 ②　中分類29－電気機械器具製造業（細分類2922－内燃機関電装品製造業及び細分類2929－その他の産業用電気機械器具製造業（車両用、船舶用を含む）を除く。） ③　中分類30－情報通信機械器具製造業

飲食料品製造業
特定技能雇用契約に基づいて外国人が同法別表第一の二の表の特定技能の項の下欄第一号に掲げる活動を行う事業所が、日本標準産業分類に掲げる産業のうち主として次のいずれかに掲げるものを行っていることとする。 ①　中分類09－食料品製造業 ②　小分類101－清涼飲料製造業 ③　小分類103－茶・コーヒー製造業（清涼飲料を除く） ④　小分類104－製氷業 ⑤　細分類5861－菓子小売業（製造小売） ⑥　細分類5863－パン小売業（製造小売） ⑦　細分類5897－豆腐・かまぼこ等加工食品小売業

(2)　受入れ機関自体の基準

ア　労働、社会保険及び租税に関する法令の遵守（基準⑩、特定技能基準省令2条1項1号）

特定技能所属機関は、労働関係法令、社会保険関係法令、及び租税関係法令を遵守していることが必要である。

(ア)　労働関係法令について

労働に関する法令とは、労働基準法、労働契約法、労働安全衛生法、労働者派遣法、最低賃金法､雇用保険法及び労働者災害補償保険法等の労働関係法令一般をいう（審査要領）。

労働に関する法令を遵守しているといえるには、次の場合をいう（審査要領）。

①労働契約が労働基準法を始め労働関係法令に違反していないこと。

②雇用保険及び労災保険の適用事業所である場合には、当該保険に加入し、保険料を納付していること[20]。

③特定技能外国人と特定技能所属機関との間の雇用関係の成立のあっせんを行った者が存在する場合には、あっせんした者が無料職業紹介の届出を行い若しくは有料職業紹介の許可（職安法30条、33条及び33条の３）を得ていること。

(イ)　社会保険関係法令

社会保険に関する法令とは、健康保険法、厚生年金保険法、国民健康保険法、国民年金法等の社会保険関係法令一般をいう（審査要領）。

法令の規定を遵守しているといえるには、各保険の適用事業所である場合に、加入手続を行い、適切に保険料を納付している必要がある[21]。

20　労働保険の保険料について未納があった場合でも、地方出入国在留管理局の助言･指導に基づき納付手続を行った場合は、労働関係法令を遵守しているものとして評価される（特定技能運用要領49頁）。

21　納付について猶予制度（分割納付）の許可を得ている場合も、適切に納付されているものと評価される（特定技能運用要領49頁）。また、地方出入国在留管理局の助言･指導に基づき保険料を納付した場合については、法令の規定を遵守しているものとして評価される（特定技能運用要領46頁）。

(ウ)　租税関係法令

租税に関する法令とは、所得税法、法人税法、地方税法等の租税関係法令一般をいう（審査要領）。

法令の規定を遵守しているといえるには、国税及び地方税を適切な時期に納付していることをいう[22]（審査要領）。

イ　非自発的離職者の発生（基準⑪、特定技能基準省令２条１項２号）

特定技能所属機関が、労働者を非自発的に離職させている場合は、「深刻化する人手不足に対応するため」（基本方針）という制度目的と合致しないため、特定技能所属機関には、特定技能外国人が従事する業務と同種の業務に従事する労働者について非自発的に離職させていないことが求められる。

労働者には、特定技能所属機関にフルタイムで雇用される国内人材、中長期在留者（入管法19条の３）及び特別永住者の従業員をいい、パートタイムやアルバイトは含まれない（特定技能運用要領51頁）。

非自発的に離職させた場合とは、次のような場合をいう（特定技能運用要領51頁）。

◆　人員整理を行うための希望退職の募集または退職勧奨を行った（自然災害等の発生によるやむを得ない解雇を除く）
◆　労働条件に係る重大な問題があったと労働者が判断したもの
◆　就業環境に係る重大な問題（嫌がらせ等）があった場合
◆　特定技能外国人の責めに帰すべき理由によらない有期労働契約の終了

１名でも非自発的離職者を出した場合、受入れ困難に係る届出（入管法19条の18第１項、同法施行規則19条の17第６項）が必要となり、また、当該所属機関が雇用する他の特定技能外国人も在留期間更新許可を受けることができなくなるため、当該特定技能外国人に対し、転職等の支援が必要となる（審査要領）。

ウ　行方不明者の発生（基準⑫、特定技能基準省令２条１項３号）

特定技能所属機関について、受け入れている外国人について行方不明者を発生させていないことを求めるものである。

ここでいう「外国人」は、特定技能外国人及び技能実習生をいう（特定技能運用要領52頁、審査要領）。また、「責めに帰すべき事由」とは、賃金の未払い、一号特定技能外国人支援計画の適正な実施を行わない場合等をいう（特定技能運用要領52頁、審査要領）。

１名でも特定技能所属機関の責めに帰すべき事由により、特定技能外国人や技能実習生について行方不明者を発生させた場合は本基準に適合しないこととなり、受入れ困難に係る届出（入管法19条の18第１項、同法施行規則19条の17第６項）が必要となる（特定技能運用

---

22 納税緩和措置を受けている場合も含まれる（特定技能運用要領48頁）。

要領52頁）。

エ　欠格事由（基準⑬、特定技能基準省令２条１項４号）

関係法令による刑罰を受けたことによる欠格事由、行為能力・役員の適格性による欠格事由、実習認定の取消しを受けたことによる欠格事由、出入国又は労働関係法令に関する不正行為を行ったことによる欠格事由、暴力団排除による欠格事由に該当しないことを求めるものである。

関係法令による刑罰を受けたことによる欠格事由については、入管法73条の２（不法就労助長罪等）が含まれている。特に不正就労助長罪は「留学」の在留資格で活動する留学生が、資格外活動の許可（入管法19条２項）により許可されている活動の条件である１週について28時間以内（所属する教育機関が長期休業期間の場合は１日について８時間以内）との条件（入管法施行規則19条５項）を超えて就労させた場合、使用者側に不正就労助長罪が成立する点には、違反事例も複数存在するところ、注意が必要である。

また、出入国又は労働関係法令に関する不正行為を行ったことによる欠格事由については、特定技能所属機関による届出義務（入管法19条の18）の不履行及び虚偽の届出が含まれている。そのため、届出の不履行が生じないよう、注意が必要である。

オ　特定技能外国人の活動状況に係る文書の作成（基準⑭、特定技能基準省令２条１項５号）

特定技能所属機関に対し、特定技能外国人について、特定技能外国人の活動の内容に係る文書を作成し、備え置くことを求めるものである。

「活動の内容に係る文書」として記載すべき事項は、次のとおりである（特定技能運用要領62頁）。

◆特定技能運用要領

①特定技能外国人の管理簿

(1)　特定技能外国人の名簿（必要的な記載事項は以下のとおり）

・氏名
・国籍・地域
・生年月日
・性別
・在留資格
・在留期間
・在留期間の満了日
・在留カード番号

・外国人雇用状況届出の届出日
(2) 特定技能外国人の活動状況に関する帳簿（必要的な記載事項は以下のとおり）
・活動（就労）場所（派遣形態の場合、派遣先の氏名又は名称及び住所）
・従事した業務の内容
・雇用状況（在籍者、新規雇用者、自発的離職者、非自発的離職者、行方不明者）に関する内容
・労働保険（雇用保険及び労災保険）の適用状況
・社会保険（健康保険及び厚生年金保険）の加入状況
・安全衛生（労働災害及び健康診断を含む。）の確保状況
・特定技能外国人の受入れに要した費用の額及び内訳
・特定技能外国人の支援に要した費用の額及び内訳
・休暇の取得状況（一時帰国休暇の取得状況を含む。）
・行政機関からの指導又は処分に関する内容
②特定技能雇用契約の内容
③雇用条件
④特定技能外国人の待遇に係る事項が記載された書類（賃金台帳（労働基準法第108条）等）
⑤特定技能外国人の出勤状況に関する書類（出勤簿等の書類）

カ　保証金の徴収、違約金等による欠格事由（基準⑮・⑯、特定技能基準省令2条1項6号・7号）

ブローカー等を排除するため、受け入れる特定技能外国人について、保証金の徴収等の財産管理や違約金についての契約を締結している場合には、特定技能所属機関は当該事実を認識して特定技能雇用契約を締結しないこと等を求めるものである。

キ　支援費用の負担（基準⑰、特定技能基準省令2条1項8号）

特定技能所属機関が、一号特定技能外国人支援に要する費用について、直接的にも間接的にも特定技能外国人に負担させないことを求めるものである。技能実習法における監理費の負担の禁止（技能実習法施行規則14条1項3号）に類似する規制といえる。

ク　派遣形態による受入れ（基準⑱、特定技能基準省令2条1項9号）

特定技能制度では、2020年3月時点において14の特定産業分野のうち「農業」及び「漁業」分野については、労働者派遣（労働者派遣法2条1号）又は船員派遣（船員職業安定法6条11号）の対象とすることができる。本条は、労働者派遣等の対象とする場合においていわゆる派遣元と派遣先についての要件を定める。

特定技能所属機関となる派遣元については、次の(1)から(4)[23]までのいずれかに該当す

る機関であり、特定産業分野を所管する関係行政機関の長と協議の上で適当であると認められる機関であることが必要である。

(1)　当該特定産業分野（農業・漁業分野）に係る業務又はこれに関連する業務を行っている者であること。
(2)　地方公共団体又は(1)に掲げる者が資本金の過半数を出資していること。
(3)　地方公共団体の職員又は(1)に掲げる者若しくはその役員若しくは職員が役員であることその他地方公共団体又は(1)に掲げる者が業務執行に実質的に関与していると認められる者であること。
(4)　外国人が派遣先において従事する業務の属する分野が農業である場合にあっては、国家戦略特別区域法（平成25年法律第107号）第16条の５第１項に規定する特定機関であること。

また、派遣先については、本条の次の規定に適合することが必要である。

①労働、社会保険及び租税に関する法令の遵守
②非自発的離職者の発生
③行方不明者の発生
④関係法令による刑罰を受けたこと、行為能力・役員の適格性、実習認定の取消し、出入国又は労働関係法令に関する不正行為、暴力団排除による欠格事由

ケ　労災保険法にかかる措置（基準⑲、特定技能基準省令２条１項10号）

特定技能所属機関について、労働者災害補償保険に係る保険関係の成立の届出を求めるものである。

「その他これに類する措置」とは、労災保険制度において暫定任意適用事業とされている農林水産の事業の一部を想定した規定であり、暫定任意適用事業に該当する場合で労災保険に加入していない場合、労災保険の代替措置として民間の任意保険に加入する必要がある（特定技能運用要領67頁）。

暫定任意適用事業は、次のものがあげられる（労働災害保険法附則（昭和44年）12条）。

①労働者数５人未満の個人経営の農業であって、特定の危険又は有害な作業を主として行う事業以外のもの
②労働者を常時は使用することなく、かつ、年間使用延労働者数が300人未満の個人経営の林業

23 (4)は農業支援外国人受入事業における特定機関である。農業支援外国人受入事業については特定技能制度へ移行するものとされており、特定機関の新規の受付を停止するものとされている（2019年２月25日（月）国家戦略特区WG資料「農業支援外国人受入事業の新制度への移行について」）

③労働者数５人未満の個人経営の畜産、養蚕又は水産（総トン数５トン未満の漁船による事業等）の事業

コ　特定技能雇用契約継続履行体制（基準⑳、特定技能基準省令２条１項11号）

特定技能外国人が安定して就労できるよう、特定技能所属機関について安定継続して事業を遂行できるよう、財政的基盤を有していることを求めるものである。財政的基盤を有しているかは、特定技能所属機関の事業年度末における欠損金の有無及び債務超過の有無等から判断される（特定技能運用要領68頁）。

前事業年度において資産超過となっていれば、財政的基盤を有していると判断される（審査要領）。前事業年度において債務超過である場合において、前々事業年度が資産超過である場合は、中小企業診断士、公認会計士等の第三者による改善の見通しについて評価を行った書面が提出され、内容に問題がなければ財政的基盤を有しているものと判断される（審査要領）。前々事業年度及び前事業年度が債務超過である場合については、中小企業診断士、公認会計士等の第三者による評価につき、①増資や親会社等による救済等の具体的な改善策の見通しの有無、②債務超過の原因が借入金であり、短期間に返済を求められるものでないことが明らかか否か[24]等を踏まえて、総合的に判断される（審査要領）。

サ　報酬の口座振込み等（基準㉑、特定技能基準省令２条１項12号）

特定技能外国人に対する報酬の支払いを確実にするため、報酬の銀行口座への振込又は特定技能外国人に対して現実に支払われた額を確認することができる方法により報酬の支払いを行うことを求めるものである。

銀行口座への支払いを行う場合、通貨払いの原則（労基法24条）があることから、特定技能外国人の同意を得る必要がある（労基則７条の２第１号）。振込みについては、振り込まれた報酬が支払日に払い出し得るように行われることを要する（昭和63年１月１日基発１号）。

シ　分野特有の事情に基づき定められた基準（基準㉒、特定技能基準省令２条１項13号）

特定産業分野ごとに告示で定められる基準に適合する必要がある。2020年３月時点において本規定に基づき定められた告示の内容は、次のとおりである。

24　５年以内など短期間に返済を求められるものでないことが明らかとされており、かつ、その借入先が親会社、銀行、代表者の親族等である場合には、直ちに事業の継続性を否定するものではないとされる（審査要領）。そのため、金融機関との間で、いわゆる合実計画等を策定し、事業再生の途中である場合については、直ちに事業の継続性を否定されるものではないと解される。

図表10　受入れ機関に係る上乗せ基準告示

介護（上乗せ基準告示（介護）2条）
1　出入国管理及び難民認定法別表第一の二の表の特定技能の項の下欄第一号に掲げる活動を行おうとする外国人（以下この条において「一号特定技能外国人」という。）を受け入れる事業所が、介護等の業務（利用者の居宅においてサービスを提供する業務を除く。）を行うものであること。 2　一号特定技能外国人を受け入れる事業所において、一号特定技能外国人の数が、当該事業所の日本人等（出入国管理及び難民認定法別表第一の二の表の介護の在留資格、五の表の特定活動の在留資格（経済連携協定に基づき社会福祉士及び介護福祉士法（昭和62年法律第30号）第２条第２項に規定する介護福祉士として従事する活動を指定されたものに限る。）又は別表第二の上欄の在留資格をもって在留する者及び日本国との平和条約に基づき日本の国籍を離脱した者等の出入国管理に関する特例法（平成３年法律第71号）に定める特別永住者を含む。）の常勤の介護職員の総数を超えないこと。 3　厚生労働大臣が設置する介護分野における特定技能外国人の受入れに関する協議会（以下この条において「協議会」という。）の構成員であること。ただし、一号特定技能外国人を受け入れていない機関にあっては、一号特定技能外国人を受け入れた日から四月以内に協議会の構成員となること。 4　協議会に対し、必要な協力を行うこと。 5　介護分野への特定技能外国人の受入れに関し、厚生労働大臣が行う必要な調査、指導、情報の収集、意見の聴取その他業務に対して必要な協力を行うこと。
ビルクリーニング（上乗せ基準告示（ビルクリーニング）2条）
1　建築物における衛生的環境の確保に関する法律（昭和45年法律第20号）第12条の２第１項第１号又は第８号に掲げる事業の登録を受けた営業所において出入国管理及び難民認定法別表第一の二の表の特定技能の項の下欄第一号に掲げる活動を行おうとする外国人（以下この条において「一号特定技能外国人」という。）を受け入れることとしていること。 2　厚生労働大臣が設置するビルクリーニング分野における特定技能外国人の受入れに関する協議会（以下この条において「協議会」という。）の構成員であること。ただし、一号特定技能外国人を受け入れていない機関にあっては、一号特定技能外国人を受け入れた日から四月以内に協議会の構成員となること。 3　協議会に対し、必要な協力を行うこと。 4　ビルクリーニング分野への特定技能外国人の受入れに関し、厚生労働大臣が行う必要な調査、指導、情報の収集、意見の聴取その他業務に対して必要な協力を行うこと。
素形材産業（上乗せ基準告示（素形材産業）3条）
特定技能雇用契約の相手方となる本邦の公私の機関が次のいずれにも該当することとする。 1　経済産業省の組織する製造業特定技能外国人材受入れ協議・連絡会（次号において「協議・連絡会」という。）に加入すること。ただし、特定技能外国人を受け入れていない場合にあっては、特定技能外国人を受け入れた日から四月以内に協議・連絡会の構成員となること。 2　経済産業省又は協議・連絡会の行う一般的な指導、報告の徴収、資料の要求、意見の聴取、現地調査その他業務に対して必要な協力を行うこと。
産業機械製造業（上乗せ基準告示（産業機械製造業）3条）
特定技能雇用契約の相手方となる本邦の公私の機関が次のいずれにも該当することとする。 1　経済産業省の組織する製造業特定技能外国人材受入れ協議・連絡会（次号において「協議・連絡会」という。）に加入すること。ただし、特定技能外国人を受け入れていない場合にあっては、特定技能外国人を受け入れた日から四月以内に協議・連絡会の構成員となること。 2　経済産業省又は協議・連絡会の行う一般的な指導、報告の徴収、資料の要求、意見の聴取、現地調査その他業務に対して必要な協力を行うこと。

電気・電子情報関連産業（上乗せ基準告示（電気・電子情報関連産業）３条）

特定技能雇用契約の相手方となる本邦の公私の機関が次のいずれにも該当することとする。

１　経済産業省の組織する製造業特定技能外国人材受入れ協議・連絡会（次号において「協議・連絡会」という。）に加入すること。ただし、特定技能外国人を受け入れていない場合にあっては、特定技能外国人を受け入れた日から四月以内に協議・連絡会の構成員となること。

２　経済産業省又は協議・連絡会の行う一般的な指導、報告の徴収、資料の要求、意見の聴取、現地調査その他業務に対して必要な協力を行うこと。

建設（上乗せ基準告示（建設）２条）

一号特定技能外国人と特定技能雇用契約を締結しようとする本邦の公私の機関（以下「特定技能所属機関」という。）が次のいずれにも該当することとする。

１　一号特定技能外国人の受入れに関する計画（以下「建設特定技能受入計画」という。）について、その内容が適当である旨の国土交通大臣の認定を受けていること。

２　前号の認定を受けた建設特定技能受入計画を適正に実施し、国土交通大臣又は第七条に規定する適正就労監理機関により、その旨の確認を受けること。

３　前号に規定するほか、国土交通省が行う調査又は指導に対し、必要な協力を行うこと。

造船・舶用工業（上乗せ基準告示（造船・舶用工業）２条）

特定技能雇用契約の相手方となる本邦の公私の機関が次のいずれにも該当することとする。

１　造船法（昭和25年法律第129号）第６条第１項の事業を営む者、小型船造船業法（昭和41年法律第119号）第２条第１項に規定する小型船造船業を営む者その他の造船・舶用工業分野に係る事業を営む者であること。

２　国土交通省が設置する造船・舶用工業分野に係る特定技能外国人の受入れに関する協議会の構成員であること。ただし、特定技能外国人を受け入れていない場合にあっては、特定技能外国人を受け入れた日から四月以内に当該協議会の構成員となること。

３　前号の協議会に対し、必要な協力を行うこと。

４　国土交通省が行う調査又は指導に対し、必要な協力を行うこと。

５　登録支援機関に適合一号特定技能外国人支援計画の全部の実施を委託する場合にあっては、前三号のいずれにも該当する登録支援機関に委託すること。この場合において、第二号ただし書中「特定技能外国人を受け入れていない場合」とあるのは「造船・舶用工業分野に係る一号特定技能外国人（出入国管理及び難民認定法（昭和26年政令第319号）別表第一の二の表の特定技能の項の下欄第一号に掲げる活動を行おうとする外国人をいう。以下同じ。）の支援を実施していない場合」と、「特定技能外国人を受け入れた」とあるのは「支援を実施する一号特定技能外国人を、委託をした特定技能所属機関が受け入れた」と読み替えるものとする。

自動車整備（上乗せ基準告示（自動車整備）２条）

特定技能雇用契約の相手方となる本邦の公私の機関が次のいずれにも該当することとする。

１　道路運送車両法（昭和26年法律第185号）第78条第１項に基づき地方運輸局長から認証を受けた事業場を有すること。

２　国土交通省が設置する自動車整備分野に係る特定技能外国人の受入れに関する協議会の構成員であること。ただし、特定技能外国人を受け入れていない場合にあっては、特定技能外国人を受け入れた日から四月以内に当該協議会の構成員となること。

３　前号の協議会に対し、必要な協力を行うこと。

４　国土交通省が行う調査又は指導に対し、必要な協力を行うこと。

５　登録支援機関に適合一号特定技能外国人支援計画の全部の実施を委託する場合にあっては、次のいずれにも該当する登録支援機関に委託することとしていること。

イ　前三号のいずれにも該当すること。この場合において、第二号ただし書中「特定技能外国人を受け入れていない場合」とあるのは「自動車整備分野に係る一号特定技能外国人（出入国管理及び難民認定法（昭和26年政令第319号）別表第一の二の表の特定技能の項の下欄第一号に掲げる活動を行おうとする外国人をいう。以下同じ。）の支援を実施していない場合」と、「特定技能外国人を受け入れた」とあるのは「支援を実施する一号特定技能外国人を、委託をした特定技能所属機関が受け入れた」と読み替えるものとする。

ロ　一級又は二級の自動車整備士の技能検定（道路運送車両法第55条第１項の技能検定をいう。）に合格した者又は自動車整備士の養成施設（同条第３項に規定する養成施設をいう。）において五年以上の指導に係る実務の経験を有する者が置かれていること。

航空（上乗せ基準告示（航空）２条）

特定技能雇用契約の相手方となる本邦の公私の機関が次のいずれにも該当することとする。

1　空港管理規則（昭和27年運輸省令第44号）第12条第１項若しくは第12条の２第１項の承認を受けた者（航空法（昭和27年法律第231号）第100条第１項の許可を受けた者を含む。）若しくは同規則第13条第１項の承認を受けた者若しくは同規則第12条第１項、第12条の２第１項若しくは第13条第１項の規定に準じて定められた条例、規則その他の規程の規定に相当するものに基づき空港管理者により営業を行うことを認められた者であって、空港グランドハンドリングを営む者であること、又は同法第20条第１項第３号、第４号若しくは第７号の能力について同項の認定を受けた者若しくは当該者から業務の委託を受けた者であること。

2　国土交通省が設置する航空分野に係る特定技能外国人の受入れに関する協議会の構成員であること。ただし、特定技能外国人を受け入れていない場合にあっては、特定技能外国人を受け入れた日から四月以内に当該協議会の構成員となること。

3　前号の協議会に対し、必要な協力を行うこと。

4　国土交通省が行う調査又は指導に対し、必要な協力を行うこと。

5　登録支援機関に適合一号特定技能外国人支援計画の全部の実施を委託する場合にあっては、前三号のいずれにも該当する登録支援機関に委託すること。この場合において、第二号ただし書中「特定技能外国人を受け入れていない場合」とあるのは「航空分野に係る一号特定技能外国人（出入国管理及び難民認定法（昭和26年政令第319号）別表第一の二の表の特定技能の項の下欄第一号に掲げる活動を行おうとする外国人をいう。以下同じ。）の支援を実施していない場合」と、「特定技能外国人を受け入れた」とあるのは「支援を実施する一号特定技能外国人を、委託をした特定技能所属機関が受け入れた」と読み替えるものとする。

宿泊（上乗せ基準告示（宿泊）２条）

特定技能雇用契約の相手方となる本邦の公私の機関が次のいずれにも該当することとする。

1　旅館・ホテル営業（旅館業法（昭和23年法律第138号）第２条第２項に規定する旅館・ホテル営業をいう。イにおいて同じ。）の形態で旅館業を営み、かつ、次のいずれにも該当すること。

イ　旅館業法第３条第１項の旅館・ホテル営業の許可を受けていること。

ロ　一号特定技能外国人（出入国管理及び難民認定法（昭和26年政令第319号）別表第一の二の表の特定技能の項の下欄第一号に掲げる活動を行おうとする外国人をいう。以下同じ。）に、風俗営業等の規制及び業務の適正化等に関する法律（昭和23年法律第122号。次号において「風営法」という。）第２条第６項第４号に規定する施設において就労させないこととしていること。

ハ　一号特定技能外国人に、風営法第２条第３項に規定する接待を行わせないこととしていること。

2　国土交通省が設置する宿泊分野に係る特定技能外国人の受入れに関する協議会の構成員であること。ただし、特定技能外国人を受け入れていない場合にあっては、特定技能外国人を受け入れた日から四月以内に当該協議会の構成員となること。

3　前号の協議会に対し、必要な協力を行うこと。

4　国土交通省が行う調査又は指導に対し、必要な協力を行うこと。

5　登録支援機関に適合一号特定技能外国人支援計画の全部の実施を委託する場合にあっては、前三号のいずれにも該当する登録支援機関に委託することとしていること。この場合において、第二号ただし書中「特定技能外国人を受け入れていない場合」とあるのは「宿泊分野に係る一号特定技能外国人の支援を実施していない場合」と、「特定技能外国人を受け入れた」とあるのは「支援を実施する一号特定技能外国人を、委託した特定技能所属機関が受け入れた」と読み替えるものとする。

農業（上乗せ基準告示（農業）1条）

特定技能雇用契約の相手方となる本邦の公私の機関が次のいずれにも該当することとする。
1　出入国管理及び難民認定法（昭和26年政令第319号）別表第一の二の表の特定技能の項の下欄第一号に掲げる活動を行おうとする外国人を労働者派遣（労働者派遣事業の適正な運営の確保及び派遣労働者の保護等に関する法律（昭和60年法律第88号。以下「労働者派遣法」という。）第2条第1号に規定する労働者派遣をいう。以下同じ。）の対象とするものではない場合にあっては、労働者を六月以上継続して雇用した経験を有すること。
2　出入国管理及び難民認定法別表第一の二の表の特定技能の項の下欄第一号に掲げる活動を行おうとする外国人を労働者派遣の対象とする場合にあっては、労働者を六月以上継続して雇用した経験を有する者又は派遣先責任者講習その他これに準ずる講習を受講した者を派遣先責任者（労働者派遣法第41条に規定する派遣先責任者をいう。）として選任している者に当該外国人に係る労働者派遣をすることとしていること。
3　農林水産省が設置する農業分野における特定技能外国人の受入れに関する協議会（以下「協議会」という。）の構成員であること。ただし、特定技能外国人を受け入れていない場合にあっては、特定技能外国人を受け入れた日から四月以内に協議会の構成員となること。
4　協議会が行う情報の提供、意見の聴取、現地調査その他の活動に対し、必要な協力を行うこと。
5　第二号に規定する場合にあっては、前号に規定する必要な協力を行う者に当該外国人に係る労働者派遣をすることとしていること。
6　登録支援機関に一号特定技能外国人支援計画の全部の実施を委託する場合にあっては、第四号に規定する必要な協力を行う登録支援機関に委託していること。

漁業（上乗せ基準告示（漁業）1条）

特定技能雇用契約の相手方となる本邦の公私の機関が次のいずれにも該当することとする。
1　農林水産省が設置する漁業分野における特定技能外国人の受入れに関する協議会（以下「協議会」という。）の構成員であること。ただし、特定技能外国人を受け入れていない場合にあっては、特定技能外国人を受け入れた日から四月以内に協議会の構成員となること。
2　協議会において協議が調った事項に関する措置を講ずること。
3　協議会及びその構成員が行う報告の徴収、資料の要求、現地調査その他の指導に対し、必要な協力を行うこと。
4　出入国管理及び難民認定法（昭和26年政令第319号）別表第一の二の表の特定技能の項の下欄第一号に掲げる活動を行おうとする外国人を労働者派遣等の対象とする場合にあっては、前号に規定する必要な協力を行う者に当該外国人に係る労働者派遣等をすることとしていること。
5　登録支援機関に一号特定技能外国人支援計画の全部の実施を委託する場合にあっては、第三号に規定する必要な協力を行う登録支援機関に委託していること。

飲食料品製造（上乗せ基準告示（飲食料品製造）2条）

特定技能雇用契約の相手方となる本邦の公私の機関が次のいずれにも該当することとする。
1　農林水産省、関係業界団体、登録支援機関その他の関係者で構成される飲食料品製造業分野における特定技能外国人の受入れに関する協議会（以下「協議会」という。）の構成員であること。ただし、特定技能外国人を受け入れていない場合にあっては、特定技能外国人を受け入れた日から四月以内に協議会の構成員となること。
2　協議会が行う調査、情報の共有その他の活動に対し、必要な協力を行うこと。

3　農林水産省が行う調査、指導その他の活動に対し、必要な協力を行うこと。
4　登録支援機関に一号特定技能外国人支援計画の全部の実施を委託する場合にあっては、前三号のいずれにも該当する登録支援機関に委託していること。この場合において、第一号ただし書中「特定技能外国人を受け入れていない場合」とあるのは「飲食料品製造業分野に係る一号特定技能外国人（出入国管理及び難民認定法（昭和26年政令第319号）別表第一の二の表の特定技能の項の下欄第一号に掲げる活動を行おうとする外国人をいう。以下同じ。）の支援を実施していない場合」と、「特定技能外国人を受け入れた」とあるのは「支援を実施する一号特定技能外国人を、委託をした本邦の公私の機関が受け入れた」と読み替えるものとする。

外食業（上乗せ基準告示（外食業）２条）

特定技能雇用契約の相手方となる本邦の公私の機関が次のいずれにも該当することとする。
1　一号特定技能外国人（出入国管理及び難民認定法（昭和26年政令第319号）別表第一の二の表の特定技能の項の下欄第一号に掲げる活動を行おうとする外国人をいう。以下同じ。）に、風俗営業等の規制及び業務の適正化等に関する法律（昭和23年法律第122号。以下「風営法」という。）第２条第４項に規定する接待飲食等営業を営む営業所において就労させないこととしていること。
2　一号特定技能外国人に、風営法第２条第３項に規定する接待を行わせないこととしていること。
3　農林水産省、関係業界団体、登録支援機関その他の関係者で構成される外食業分野における特定技能外国人の受入れに関する協議会（以下「協議会」という。）の構成員であること。ただし、特定技能外国人を受け入れていない場合にあっては、特定技能外国人を受け入れた日から四月以内に協議会の構成員となること。
4　協議会が行う調査、情報の共有その他の活動に対し、必要な協力を行うこと。
5　農林水産省が行う調査、指導その他の活動に対し、必要な協力を行うこと。
6　登録支援機関に一号特定技能外国人支援計画の全部の実施を委託する場合にあっては、前三号のいずれにも該当する登録支援機関に委託していること。この場合において、第三号ただし書中「特定技能外国人を受け入れていない場合」とあるのは「外食業分野に係る一号特定技能外国人の支援を実施していない場合」と、「特定技能外国人を受け入れた」とあるのは「支援を実施する一号特定技能外国人を、委託をした本邦の公私の機関が受け入れた」と読み替えるものとする。

各特定産業分野における上乗せ基準については、項目としては、上陸許可基準の委任を受けた告示、特定技能基準省令１条１項７号の委任を受けた告示、特定技能基準省令１条２項３号の委任を受けた告示、特定技能基準省令２条１項13号の委任を受けた告示、同条２項７号の委任を受けた告示が存在し、特定技能基準省令３条１項５号の委任を受けた告示、特定技能基準省令４条５号の委任を受けた告示が存在し得る構造となっており、理解を難しくしているといえる。

次の表は、上乗せ基準の項目、上乗せ基準告示の根拠となる法令及び特定産業分野別に該当項目の有無をまとめたものである。

図表11　在留書申請書と上乗せ項目一覧

（条数のみの部分は各上乗せ基準告示の条文）

産業分野	上陸許可基準（申請人に関する事項）	特定技能基準省令1条1項7号（雇用契約に関する事項）	特定技能基準省令1条2項3号（適正な在留に関する事項）	特定基準省令2条1項13号（適合特定技能雇用契約の適正な履行確保に関する事項）	特定技能基準省令2条2項7号（適合一号特定技能外国人支援計画の適正な実施の確保に関する事項）	特定技能基準省令3条1項5号（一号特定技能外国人支援計画の内容に関する事項）	特定技能基準省令4条5号（一号特定技能外国人支援計画の基準に関する事項）
在留資格認定証明書交付申請書該当箇所	申請人等作成用 3・31	所属機関等作成用 1・2 (8)	所属機関等作成用 1・2 (11)	所属機関等作成用 4・3 (31)	所属機関作成用 4・3 (40)	所属機関作成用 5・4 (14)	所属機関作成用 5・4 (16)
在留資格変更許可申請書該当箇所	申請人等作成用 3・27	所属機関等作成用 1・2 (8)	所属機関等作成用 1・2 (11)	所属機関等作成用 4・3 (31)	所属機関作成用 4・3 (40)	所属機関作成用 5・4 (14)	所属機関作成用 5・4 (16)
在留期間更新許可申請書該当箇所	申請人等作成用 3・27	所属機関等作成用 1・2 (8)	所属機関等作成用 1・2 (11)	所属機関等作成用 4・3 (31)	所属機関作成用 4・3 (40)	所属機関作成用 5・4 (12)	所属機関作成用 5・4 (14)
介護	○ (1条)	―	―	○ (2条)	―	―	―
ビルクリーニング	○ (1条)	―	―	○ (2条)	―	―	―
素形材産業	○ (1条)	○ (2条)	―	○ (3条)	―	―	―
産業機械製造業	○ (1条)	○ (2条)	―	○ (3条)	―	―	―
電気・電子情報関連産業	○ (1条)	○ (2条)	―	○ (3条)	―	―	―
建設	○ (1条)	―	―	○ (2条)	○ (2条)	―	―
造船・船用工業	○ (1条)	―	―	○ (2条)	○ (2条)	―	―
自動車整備	○ (1条)	―	―	○ (2条)	○ (2条)	―	―
航空	○ (1条)	―	―	○ (2条)	○ (2条)	―	―
宿泊	○ (1条)	―	―	○ (2条)	○ (2条)	―	―

農業	—	—	—	○（1項～6項）	○（1項～6項）	—	—
漁業	—	—	—	○（1項～5項）	○（1項～5項）	—	—
飲食業品製造	○（1条）	○（2条）	—	○（2条）	○（2条）	—	—
外食	○（1条）	—	—	○（2条）	○（2条）	—	—

次の表は、特定技能所属機関の受け入れる事業所等の制限、受入れ人数制限、協議会への加入協力義務、委託する登録支援機関の制限、その他についてまとめた表である。

図表12　上乗せ基準告示と主要項目一覧

（条数は各上乗せ基準告示の条文）

産業分野	事業所等制限	人数制限	協議会への加入協力義務	登録支援機関の制限	その他特記事項
介護	○（2条1号）	○（2条2号）	○（2条3号・4号）	—	—
ビルクリーニング	○（2条1号）	—	○（2条2号・3号）	—	—
素形材産業	○（2条各号）	—	○（3条1号・2号）	—	—
産業機械製造業	○（2条各号）	—	○（3条1号・2号）	—	—
電気・電子情報関連産業	○（2条各号）	—	○（3条1号・2号）	—	—
建設	○（2条各号）	○（3条3項7号）	—[25]	—	独自制度あり
造船・船用工業	○（2条1号）	—	○（2条2号・3号）	○（2条5号）	—
自動車整備	○（2条1号）	—	○（2条2号・3号）	○（2条5号）	—
航空	○（2条1号）	—	○（2条2号・3号）	○（2条5号）	—

25　上乗基準告示10条の登録を受けた登録法人（一般社団法人建設技能人材機構）又は当該法人を構成する建設事業団体に所属することが義務づけられる（上乗せ基準告示３条３項１号ハ）

宿泊	○（2条1号）	—	○（2条2号・3号）	○（2条5号）	—
農業	○（1条1号）	—	○（1条3号・4号）	○（1条6号）	派遣の特則あり
漁業	—	—	○（1条1号・2号）	○（1条5号）	—
飲食料品製造	—	—	○（2条1号・2号）	○（2条4号）	—
外食	○（2条1号・2号）	—	○（2条3号・4号）	○（2条6号）	—

（3）　支援体制の基準（入管法2条の5第3項、特定技能基準省令2条2項）

入管法は一号特定技能外国人支援計画の適切な実施の確保についての基準を法務省令に委任し、当該規定をうけて特定技能基準省令２条２項において、実施の確保に関する基準が定められている。この支援体制の基準については、登録支援機関に適合一号特定技能支援計画の実施の全てを委任した場合には、満たしているものとみなされる（入管法２条の５第５項）。

ア　中長期在留者の受入れ実績等（基準㉓、特定技能基準省令２条２項１号）

特定技能所属機関は、１号イ・ロ・ハのいずれかに該当する必要がある。

支援担当者と支援責任者は同一の人物が兼務することが可能である。

イ	中長期在留者[26]の受入れ又は管理を適正に行った実績があり、かつ、役員又は職員の中から、適合一号特定技能外国人支援計画の実施に関する支援責任者及び外国人に特定技能雇用契約に基づく活動をさせる事業所ごとに一名以上の支援担当者を選任していること
ロ	役員又は職員であって過去二年間に中長期在留者[27]の生活相談業務に従事した経験を有するものの中から、支援責任者及び外国人に特定技能雇用契約に基づく活動をさせる事業所ごとに一名以上の支援担当者を選任していること。
ハ	イ又はロの基準に適合する者のほか、これらの者と同程度に支援業務を適正に実施することができる者として認めたもので、役員又は職員の中から、支援責任者及び外国人に特定技能雇用契約に基づく活動をさせる事業所ごとに一名以上の支援担当者を選任していること。

26 入管法別表第一の一、二及び五の表の在留資格を有し、収入を伴う事業を運営する活動又は報酬を受ける活動を行うことができる在留資格に限る。

27 入管法別表第一の一、二及び五の表の在留資格を有し、収入を伴う事業を運営する活動又は報酬を受ける活動を行うことができる在留資格に限る。

イ　十分に理解できる言語による支援体制（基準㉔、特定技能基準省令２条２項２号）

特定技能所属機関は、一号特定技能外国人支援計画の適切な実施のため、特定技能外国人が十分に理解できる言語による支援体制を構築していることが求められる。

当該体制について、通訳を特定技能所属機関が採用するまでの必要はなく、必要なときに委託するなどして確保できるものであれば足りる（特定技能運用要領75頁）。

ウ　支援の実施状況に係る文書の作成等（基準㉕、特定技能基準省令２条２項３号）

特定技能所属機関に対し、一号特定技能外国人支援の状況に係る文書の作成及び保管を義務づけるものである。

「一号特定技能外国人支援の状況に係る文書」とは、次のものをいう（特定技能運用要領75頁）。

◆特定技能運用要領

①支援実施体制に関する管理簿
- 支援を行う事務所の名称、所在地及び連絡先
- 職員数（常勤・非常勤職員数の内訳）
- 支援実績（各月における支援人数、行方不明者数）
- 支援責任者の身分事項、住所、役職及び経歴（履歴書及び就任承諾書）
- 支援担当者の身分事項、住所、役職及び経歴（履歴書及び就任承諾書）
- 対応可能な言語及び同言語による相談担当者に関する事項（委託契約書、通訳人名簿）

②支援の委託契約に関する管理簿
- 支援業務に関する事項（委託契約書）
- 支援経費の収支に関する事項（支援委託費含む。）

③支援対象者に関する管理簿
- １号特定技能外国人の氏名、生年月日、国籍・地域、性別及び在留カード番号
- １号特定技能外国人支援計画の内容（支援計画書）
- 支援の開始日
- 支援の終了日（支援を終了した理由を含む。）

④支援の実施に関する管理簿

ⅰ事前ガイダンスに関する事項
- １号特定技能外国人の氏名、生年月日、国籍・地域、性別及び在留カード番号
- 実施担当者（通訳人を含む。）の氏名及び所属

・実施日時及び実施場所
・実施内容（情報提供内容）
・実施方法
ii 空港等への出迎え及び見送りに関する事項
・１号特定技能外国人の氏名、生年月日、国籍・地域、性別及び在留カード番号
・出迎え日（上陸日）及び見送り日（出国日）
・実施担当者の氏名及び所属
iii 住居の確保及び生活に必要な契約に関する事項
・１号特定技能外国人の氏名、生年月日、国籍・地域、性別及び在留カード番号
・確保した住居に関する事項（住所、住居の形態（賃貸、社宅等）及び家賃等）
・その他日常生活に必要な契約に係る支援の概要
iv 生活オリエンテーションに関する事項（関係機関への同行に関する事項を含む。）
・１号特定技能外国人の氏名、生年月日、国籍・地域、性別及び在留カード番号
・実施日時及び実施場所
・実施内容（情報提供内容）
・実施方法
・実施担当者（通訳人及び法的保護に関する情報提供の実施者含む。）の氏名及び所属
v 日本語習得支援に関する事項
・１号特定技能外国人の氏名、生年月日、国籍・地域、性別及び在留カード番号
・実施内容（情報提供内容）
・実施方法
・実施担当者（委託先の講師を含む。）の氏名及び所属
vi 相談等に関する事項
・１号特定技能外国人の氏名、生年月日、国籍・地域、性別及び在留カード番号
・相談日時
・相談内容及び対応内容（面談記録、対応記録）
・関係行政機関への通報・相談日時及び通報・相談先の名称
・実施担当者（通訳人を含む。）の氏名及び所属
vii 日本人との交流促進に関する管理簿
・１号特定技能外国人の氏名、生年月日、国籍・地域、性別及び在留カード番号
・実施日時及び実施場所
・実施方法（促進した事項）
・実施担当者の氏名及び役職

viii転職支援に関する事項
・１号特定技能外国人の氏名、生年月日、国籍・地域、性別及び在留カード番号
・転職相談日時及び実施場所
・相談内容及び対応内容（面談記録、対応記録）
・公共職業安定所への相談日時及び相談を行った公共職業安定所の名称
・転職先候補企業の名称、所在地及び連絡先
・実施担当者（通訳人を含む。）の氏名及び所属
ix定期的な面談に関する事項
・１号特定技能外国人の氏名、生年月日、国籍・地域、性別及び在留カード番号
・１号特定技能外国人を監督する立場にある者の氏名及び役職
・面談日時
・面談内容及び対応内容（面談記録、対応記録）
・実施担当者（通訳人を含む。）の氏名及び所属

エ　支援の中立性（基準㉖、特定技能基準省令２条２項４号）

支援責任者及び支援担当者について、一号特定技能外国人支援計画の中立な実施ができる立場である者であることを求めるものである。「中立な実施ができる立場」とは、特定技能外国人と異なる職場の職員である等、当該外国人に対して指揮命令権を有しない者をいう。この指揮命令権を有しない者には、異なる部署であっても実質的に指揮命令を行い得る者は含まれず、組織図表の縦のラインの者は含まれない（特定技能運用要領78頁）。

オ　支援実施義務の不履行（基準㉗、特定技能基準省令２条２項５号）

一号特定技能外国人支援の適切な実施の確保のため、特定技能所属機関について特定技能雇用契約締結前５年以内及び当該特定技能雇用契約締結後に、一号特定技能外国人支援を行ったことがないことを求めるものである。

カ　定期的な面談の実施（特定技能基準省令２条２項６号）

特定技能所属機関に対し、支援責任者及び支援担当者が特定技能外国人及びその監督者と定期的な面談を実施する体制を有していることを求めるものである。

「定期的な面談」とは、３ヶ月に１回以上の頻度をいい、「面談」とは直接対面して話すことをいう[28]（特定技能運用要領79頁）。

キ　分野に特有の事情に鑑みて定められた基準（特定技能基準省令２条２項７号）

特定産業分野ごとに定められた基準に適合することを求めるものである。本条項に基づ

28 洋上で長期間にわたって行われる漁業分野については、面談に変えて３ヶ月に１度以上の頻度で無線や船舶電話によって連絡をとることとし、帰港した際に面談を実施することで代替可能である（特定技能運用要領74頁）。

き策定されている告示がある分野としては建設（上乗せ基準告示２条）、造船・船用工業（上乗せ基準告示２条）、自動車整備（上乗せ基準告示２条）、航空（上乗せ基準告示２条）、宿泊（上乗せ基準告示２条）、農業（上乗せ基準告示１条）、漁業（上乗せ基準告示１条）、飲食料品製造（上乗せ基準告示２条）、及び、外食（上乗せ基準告示２条）である。

内容は特定技能基準省令２条１項13号部分で述べたとおりである。

5　受入れ体制の整備

特定技能外国人を受け入れる前提として、これまで確認した種々の要件を充足しているかという他に、就業規則、賃金規定等の各種規定類が整備されているかについても確認する必要がある。

（1）　就業規則

常時10名以上労働者を使用する使用者は、就業規則を作成し、届け出る義務がある（労基法89条）。就業規則で定めなくてはならない事項は、次のとおりである（労基法89条各号）。

◆労働基準法

一　始業及び終業の時刻、休憩時間、休日、休暇並びに労働者を二組以上に分けて交替に就業させる場合においては就業時転換に関する事項
二　賃金（臨時の賃金等を除く。以下この号において同じ。）の決定、計算及び支払の方法、賃金の締切り及び支払の時期並びに昇給に関する事項
三　退職に関する事項（解雇の事由を含む。）
三の二　退職手当の定めをする場合においては、適用される労働者の範囲、退職手当の決定、計算及び支払の方法並びに退職手当の支払の時期に関する事項
四　臨時の賃金等（退職手当を除く。）及び最低賃金額の定めをする場合においては、これに関する事項
五　労働者に食費、作業用品その他の負担をさせる定めをする場合においては、これに関する事項
六　安全及び衛生に関する定めをする場合においては、これに関する事項
七　職業訓練に関する定めをする場合においては、これに関する事項
八　災害補償及び業務外の傷病扶助に関する定めをする場合においては、これに関する事項
九　表彰及び制裁の定めをする場合においては、その種類及び程度に関する事項
十　前各号に掲げるもののほか、当該事業場の労働者のすべてに適用される定めをする

場合においては、これに関する事項

就業規則の絶対的記載事項の一つとして、退職に関する事由がある。外国人材の場合、在留資格が許可されなければ、日本で報酬を得る活動を行うことはできない（入管法19条1項）。就業規則に記載した解雇事由に、解雇事由が限定されるか否かについて争いはあるものの[29]、疑義を生じさせないためにも、在留資格の許可が得られないことを解雇の事由として規定するべきように思う。

また、特定技能外国人の場合、参考様式第１－５号「特定技能雇用契約書」において、在留資格を喪失した時点をもって雇用契約が終了する旨の条項が記載されている。この条項が退職にかかる条項であるとすると、就業規則の退職に関する事項に記載がない場合、当該退職事由が無効になる可能性もある（労契法12条）。そのため、在留資格の喪失をもって雇用契約の終期とする場合は、就業規則中の自然退職事由として、在留資格の喪失を規定するべきである。

労基法89条に違反し就業規則を作成しない場合には、罰金30万円に処せられる（労基法120条１号）。

（2）　法令などの周知

使用者は、就業規則等の周知義務を負う（労基法106条、安衛法101条）。この点について、どのような言語・方法によりどの程度周知を行えば、外国人材に対する十分な周知なのかという定まった基準はない。外国人雇用管理指針第４では、わかりやすい説明書や行政機関が作成している多言語対応の資料等を用いる、母国語等を用いて説明する等、外国人材の理解を促進するため必要な配慮をするよう努めることが規定されている。

一号特定技能外国人の日本語能力は、日本語能力試験のN4を基準とすれば「基本的な日本語を理解することができる」という水準である[30]。周知される外国人材側の言語能力にも配慮し、翻訳版を作成する、やさしい日本語で入社時に説明する等の実質的に周知したといえる程度の周知を行う必要がある。

使用者が労基法106条に基づき法令などを周知しない場合には30万円以下の罰金に処せられ（労基法120条１号）、安衛法101条１項に違反して同様に周知しない場合には50万円以下の罰金に処せられる（安衛法120条１号）。

---

29 菅野和男「労働法　第12版」（弘文堂、2019年）800頁
30 日本語能力試験ウェブサイト「N1 ～ N5：認定の目安」（https://www.jlpt.jp/about/levelsummary.html）

第3　受入れの実施

［ポイント］

・一号特定技能外国人の受入れの場合、在留諸申請前に、一号特定技能外国人支援計画の作成及びその実施が開始される。

・在留資格認定証明書交付申請・在留資格変更許可申請時には、多くの書類が必要となり、早めに準備をしておく必要がある。

・特定技能所属機関が届出を行う事項がある。

1　手続の流れ

一号特定技能外国人を採用する場合、在留資格認定証明書交付申請・在留資格変更許可申請に先立ち、一号特定技能外国人支援計画の策定とその実施を行う必要がある。手続の流れをチャート化すると、次のとおりとなる。

図表13　在留資格認定証明書交付申請を行う場合の手続

在留資格取得可能性確認	入国前の手続	在留資格認定証明書交付申請	ビザ申請	上陸・受入れ	勤務開始
・採用候補者を決定し在留資格を取得できるか、確認します。 ・技能検定3級への合格の有無、評価調書の入手可否を確認します。 ・送出国が特別の手続を要求する国か確認します。	・参考様式に従い、雇用契約の締結、労働条件通知を行います。 ・一号特定技能外国人支援計画に基づき、事前ガイダンス等を実施します。	・地方出入国在留管理局に在留資格認定証明書の交付申請を行います。 ・必要書類は「特定技能外国人の在留諸申請に係る提出書類一覧・確認表」にまとめられています。 ・国によって必要書類が異なる場合があります。	・在留資格認定証明書が交付されたら、原本を採用候補者に送付します。 ・採用候補者は、在留資格認定証明書と必要書類を持参し、日本大使館・領事館でビザ（査証）の発給を受けます。	・採用候補者は、ビザ（査証）が添付されたパスポートを持ち、飛行機等で日本に入国します。 ・一号特定技能外国人支援計画に基づき、空港への出迎え、住居や携帯電話等のセットアップを行います。	・生活オリエンテーションを実施します。 ・必要な届出を行います。 ・勤務開始後も、四半期の報告等の継続的な届出を行います。

図表14　在留資格変更許可申請を行う場合の手続

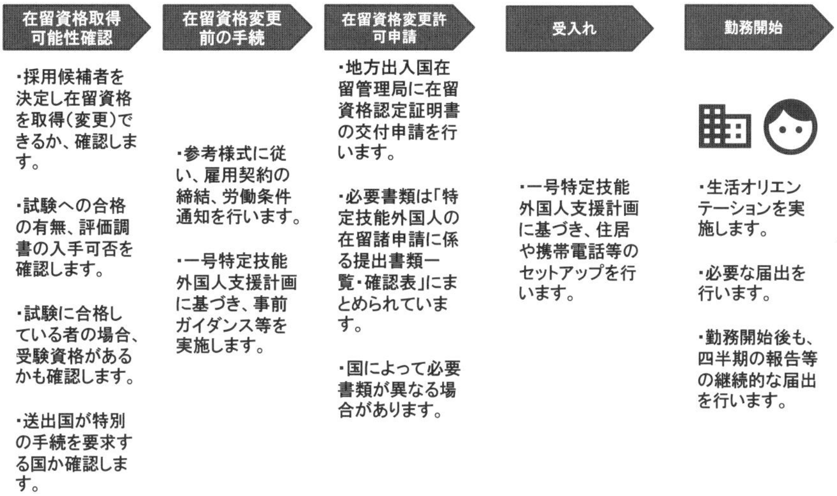

2　手続の詳細（認定）

日本の国外で特定技能に関する試験に合格した、試験ルートの一号特定技能外国人材を採用する場合や、二号技能実習を修了し、帰国している外国人材を採用する場合、在留資格認定証明書交付申請の手続を経ることになる。

（1）　採用者の決定

まず、採用者を決定する。採用者を決定する際には、「特定技能１号」の在留資格を得ることができる者であるかを、「特定技能外国人の履歴書」（参考様式第１－１。資料２）を作成し、確認する。なお、特定技能外国人の履歴書（参考様式第１－１）は、特定技能外国人が十分に理解できる言語で作成しなければならない。

（2）　採用条件の決定

採用する特定技能外国人の条件を決定する。報酬（給与）については、「特定技能外国人の報酬に関する説明書」（参考様式第１－４。資料３）により、「日本人が従事する場合の報酬の額と同等以上」であることを立証する必要がある（入管法２条の５第１項、特定技能基準省令１条１項３号）。

特定技能外国人の報酬に関する説明書において比較対象とした日本人がいる場合、特定技能外国人が入社した後に定期的に行う活動状況の届出（入管法19条の18第２項３号）のために提出する「特定技能外国人に対する報酬の支払状況」（参考様式第３－８号（別紙）。資料16）において、比較対象とした日本人労働者の賃金台帳の写し等を添付する必要がある。当該賃金台帳を添付する際には、個人情報保護の観点から、氏名や生年月日などについては、黒塗りする等して個人が特定できない状態で添付する（特定技能運用要領106頁）。

（3）　一号特定技能外国人支援計画の全部の実施の委託

特定技能所属機関は、一号特定技能外国人支援計画の実施の全部又は一部の実施を登録支援機関に委託でき（入管法19条の22第２項）、全部の実施を委託した場合には、特定技能所属機関が満たすべき基準のうち、一部について充足したものとみなされる（入管法２条の５第５項）。

委託に際しては、「支援委託契約書」（参考様式第１－18。資料４）を用いる。「支援委託契約書」は参考様式であるため変更が可能である。本書では、参考様式から２カ所を変更している。

まず、「第４条（乙の遵守すべき事項）」である。同条の２項において、乙が機密情報を第三者に開示できる場合を規定した。これは、一号特定技能外国人支援の過程で知り得た情報を労働基準監督署等に通報する必要が生じた場合に備えた規定である。登録支援機関が法令上守秘義務を負う士業等の場合には、当該法令上の守秘義務の解除を規定することも考えられる。

また、「第６条（その他の報告）」を新設している。これは、特定技能雇用契約の変更、一号特定技能外国人支援計画の変更、受入れ困難時等については、登録支援機関での対応も必要となるため、特定技能所属機関から登録支援機関への報告を規定したものである。

同様に、特定技能所属機関が吸収合併消滅会社（会社法749条１項１号）に該当する吸収合併を行うような場合、特定技能外国人について、在留資格変更許可の申請が必要となるところ（入管法20条１項）、当該手続に対応するために、特定技能所属機関から登録支援機関への報告を規定したものである。

さらに、登録支援機関から特定技能所属機関への報告を要する場合として、登録支援機関の登録拒否事由が発生した場合、及び、登録支援機関が支援業務を休廃止した場合を規定した。かかる場合には、特定技能所属機関は早急に登録支援機関の変更が必要と考えられるためである。

（4）　一号特定技能外国人支援計画の策定

ア　一号特定技能外国人支援計画の内容

一号特定技能外国人を受け入れる機関は、一号特定技能外国人支援の実施に関する計画（一号特定技能外国人支援計画）を作成しなければならない（改正入管法２条の５第６項）。

一号特定技能外国人支援計画の記載事項は、特定技能基準省令３条１項において定められている。一号特定技能外国人支援計画は、日本語及び特定技能外国人が十分に理解する言語で作成し、写しを特定技能外国人に交付する必要がある（同省令３条２項）。

一号特定技能外国人支援として行う必要がある事項は、次のとおりである。また、後述のとおり、破線で囲まれている部分は、外国人が理解できる言語で実施する必要がある事項を意味する（特定技能基準省令４条３号）。

図表15　一号特定技能外国人支援の内容

イ　一号特定技能外国人支援計画の基準

一号特定技能外国人支援計画は、法務省令で定める基準に適合するものでなければならない（改正入管法２条の５第８項）。

かかる基準は特定技能基準省令４条で定められている。

事前ガイダンス（特定技能基準省令３条１項１号イ）については、対面又はテレビ電話等の方法により実施されることが必要である（特定技能基準省令４条２号）。

また、事前ガイダンス（特定技能基準省令３条１項１号イ）、生活オリエンテーション（同条項１号ニ）、相談又は苦情への対応（同条項１号ト）及び定期的な面談の実施、行政機関への通報（同条項１号ヌ）については、一号特定技能外国人が十分に理解することができる言語[31]による実施が必要である。

支援対象者が複数名いる場合で支援内容が同じ場合には、「１　氏名」に「別紙の名簿のとおり」と記載し、「Ｉ　支援対象者」欄の記載事項が記載された名簿（任意様式）を添付することとして良い（参考様式第１－17　１。資料５）。

（5）　労働条件通知兼特定技能外国人雇用契約

ア　適用法

労働条件の明示を行うにあたり、その根拠となる適用法が何か問題となる。労働契約の適用法については、法の適用に関する通則法７条、８条及び12条に規定されている。どの

31「十分に理解することができる言語」とは、特定技能外国人の母国語には限られないが、当該外国人が内容を余すことなく理解できるものをいう（特定技能運用要領75頁）。

国の法律が適用されるかは、当事者の選択によることが原則であるが（同法7条)、労務を提供すべき地の法律が適用される法律であると推定される（同法12条2項、3項)。また、当事者が合意して労務を提供すべき地以外の国の法律が選択されていたとしても、当事者の意思表示があれば、労務を提供すべき地の強行規定が適用される（同法12条1項)。

外国人材の受入という観点から見た場合、適用される法律として想定されるのは、労務を提供すべき地の法律である日本法であることがほとんどであると思われる[32]。

そのため、一号特定技能外国人に対して労働条件の明示を行う場合の根拠法も、多くの場合は労基法15条になると解される。

イ　明示事項

使用者は、採用に際し労働者に対し労働条件を明示する必要がある（労基法15条1項)。明示を必要とする労働条件は、次のとおりである（労基則5条1項各号)。4の2号から11号までは、使用者が定めを行う場合、明示の必要がない。

◆労働基準法施行規則

一　労働契約の期間に関する事項
一の二　期間の定めのある労働契約を更新する場合の基準に関する事項[33]
一の三　就業の場所及び従事すべき業務に関する事項
二　始業及び終業の時刻、所定労働時間を超える労働の有無、休憩時間、休日、休暇並びに労働者を二組以上に分けて就業させる場合における就業時転換に関する事項
三　賃金（退職手当及び第五号に規定する賃金を除く。以下この号において同じ。）の決定、計算及び支払の方法、賃金の締切り及び支払の時期並びに昇給に関する事項
四　退職に関する事項（解雇の事由を含む。）
四の二　退職手当の定めが適用される労働者の範囲、退職手当の決定、計算及び支払の方法並びに退職手当の支払の時期に関する事項
五　臨時に支払われる賃金（退職手当を除く。)、賞与及び第八条各号に掲げる賃金並びに最低賃金額に関する事項
六　労働者に負担させるべき食費、作業用品その他に関する事項
七　安全及び衛生に関する事項
八　職業訓練に関する事項
九　災害補償及び業務外の傷病扶助に関する事項

32 山川隆一『国際労働関係の法理』（信山社、1999年）153頁参照
33 期間の定めのある労働契約であって当該労働契約の期間の満了後に当該労働契約を更新する場合があるものの締結の場合に限る。

十　表彰及び制裁に関する事項
十一　休職に関する事項

ウ　特定技能雇用契約

特定技能外国人と特定技能所属機関が締結する雇用契約は「特定技能雇用契約」と定義付けされ、特定技能雇用契約等基準省令で定められた基準に適合する雇用契約である必要がある（改正入管法２条の５第１項）。

そして、入管法２条の５第１項１号（雇用関係に関する事項）に関する基準として、特定技能基準省令１条１項において基準が定められている。

特定技能雇用契約書及び雇用条件書として参考様式第１－５号（資料６）及び参考様式第１－６号（資料７）がある。本様式により労働条件を明示すれば、労基法15条に定められた明示事項を満たすことになる。

エ　参考様式第１－５号の注意点

参考様式第１－５号には「なお、雇用契約を更新することなく雇用契約期間を満了した場合、及び乙が何らかの事由で在留資格を喪失した時点で雇用契約は終了するものとする。」として、雇用契約の終了事由が規定されている。

この点、退職に関する事項は、就業規則における必要的記載事項である（労基法89条３号）。他方で、就業規則と雇用契約の関係については、労契法12条が「就業規則で定める基準に達しない労働条件を定める労働契約は、その部分については、無効とする」と定める。

そのため、解釈に疑義が生じないよう、就業規則においても、退職事由として在留資格の喪失を定めるべきと解される。

オ　参考様式第１－６号の注意点

㈠　Ⅰ．雇用契約の期間

雇用契約の期間については、特定技能制度にかかるQ&A（「外国人材の受入れ制度に係るQ&A 目次」）において、次の回答がなされている。

Q36　雇用契約の期間に制約はありますか。
【A】　雇用期間について、入管法上、特段の定めはありませんが、１号特定技能外国人については、通算で在留できる期間の上限が５年となっていますので、これを超える期間の雇用契約を締結した場合、５年を超える期間については在留が認められないこととなりますので留意願います。

なお、入管法上には雇用期間の定めはないが、有期雇用契約については、労基法14条１項により、原則として３年を超える期間について契約を締結することができない点に注意を要する。

㈠　Ⅳ．労働時間

労基法32条[34]は、使用者が、休憩時間を除き１日につき８時間を超えて、また、１週間について40時間を超えて労働させてはならないと定める[35]。この法定されている時間を「法定労働時間」といい、法定労働時間を超えた労働を「法定時間外労働」といい、労働契約に定められる所定労働時間[36]を超えた所定時間外労働と、法定時間外労働は区別される。

労働時間については、いわゆる36協定により、労基法32条等の規定にかかわらず、労働時間を延長することができる（労基法36条）。

休憩について、労基法34条は、労働時間が６時間を超える場合については少なくとも45分、８時間を超える場合においては少なくとも１時間の休憩時間を与えることを義務づけている。

㈡　Ⅴ．休日、Ⅵ．休暇

労基法35条１項は、使用者が毎週少なくとも１回の休日を労働者に与えなければならないと定める。この法定された休日を「法定休日」といい、労働契約で定められた休日を「所定休日」という。

また、特定技能基準省令１条１項５号により、「外国人が一時帰国を希望した場合には、必要な有給休暇を取得させるものとしていること。」が必要である。

㈢　Ⅶ．賃金

ⅰ　割増賃金

使用者が、法定時間外労働、法定休日労働及び深夜労働[37]をさせる場合、次の割増賃金を支払う必要がある（労基法37条）。使用者が割増賃金を支払わない場合には、６ヶ月以下の懲役又は30万円以下の罰金に処せられる（労基法119条１号）。

図表16　割増賃金の支払い

割増賃金の区分	割増率	条文
法定時間外労働（１ヶ月60時間まで）	２割５分以上	労基法37条１項本文、２項、割増賃金率令
法定時間外労働（１ヶ月60時間を超えた時間）	５割以上[38]	労基法37条１項但書

34 労基法32条に違反する場合には、６ヶ月以下の懲役又は30万円以下の罰金に処せられる（労基法119条１号）。
35 使用者は、休憩時間につき、労働時間が６時間を超える場合は少なくとも45分、８時間を超える場合は少なくとも１時間の休憩時間を、労働時間の途中で与える必要がある（労基法34条１項）。
36 菅野・前掲注29、502頁
37 午後10時から午前５時までの間の労働をいう（労基則20条１項）。
38 中小事業主は2023年４月１日から適用される（労基法138条、働き方改革関連法附則１条３号）。

法定休日労働	3割5分以上	労基法37条1項本文、2項、割増賃金率令
深夜労働	2割5分以上	労基法37条4項

なお、参考様式第1－6号は「所定時間外」との文言を用いているが、所定労働時間が法定労働時間より短い場合、所定労働時間を超えており、法定労働時間内の部分については、労基法上は割増賃金を支払う義務は発生しない。

ii　賃金支払方法

特定技能制度では、特定技能外国人に対する報酬の支払いを確実にするため、報酬の銀行口座への振込又は特定技能外国人に対して現実に支払われた額を確認することができる方法により報酬の支払いを行うことを求めている（特定技能基準省令2条1項12号）。

銀行口座への支払いを行う場合、通貨払いの原則（労基法24条）があることから、特定技能外国人の同意を得る必要がある（労基則7条の2第1号）。振込みについては、振り込まれた報酬が支払日に払い出し得るように行われることを要する（昭和63年1月1日基発1号）。

また、賃金から社宅費等を控除する場合、労基法24条に基づき、事業所に過半数労組がある場合は労組と、ない場合は過半数代表者との間で書面による協定を締結する必要がある。

協定書の形式には任意であるが、少なくとも、①控除の対象となる具体的な項目、②右の各項目別に定める、控除を行う賃金支払日を記載する必要がある（昭和27年9月20日基発第675号）。

また、控除できるのは「購買代金、社宅、寮その他の福利厚生施設の費用、労務用物資の代金、組合費等、事理明白なものについてのみ」であり、無制限に賃金控除が認められるわけではない（昭和27年9月20日基発第675号）。

iii　ix．その他

使用者は、労働者の雇入れ時には、医師による健康診断を実施しなければならない（安衛法66条1項、安衛則43条）。医師による健康診断は、日本の医師法に基づく医師による健康診断をいうと解されるところ国外で日本の医師法に基づかない医師による健康診断を実施した場合においても、再度、日本に入国し、雇入れ時に健康診断を行うことが必要である。

また、使用者は、労働者に対して、医師による定期健康診断を行う必要がある（安衛法66条、安衛則44条）[39]。安衛則13条1項3号に規定する業務に常時従事する労働者につい

---

39 違反した場合には罰則の定めがある（安衛法120条1号）。

ては、その業務への配置換えの際及び６ヶ月ごとに定期健康診断が義務づけられる（安衛法66条２項、安衛法45条１項）。

同様に、有害業務に従事する労働者については、雇入れ時、その業務に配置転換した際、及び６ヶ月以内ごとに健康診断が義務づけられる（安衛法66条３項）。

（6）　事前ガイダンス

特定技能所属機関又は登録支援機関は、特定技能雇用契約の締結時以後、一号特定技能外国人に係る在留資格認定証明書交付の申請又は在留資格変更許可申請前に、事前ガイダンス[40]を行う必要がある（（支援運用要領６頁））。

ア　事前ガイダンスの内容

支援運用要領によれば、事前ガイダンスで行うべき内容は、次のとおりである（支援運用要領７頁以下）。

図表17　事前ガイダンスの内容

事前ガイダンスの提供（特定技能基準省令３条１項１号イ）	
義務的支援	一号特定技能外国人に対し、特定技能雇用契約の内容、当該外国人が本邦において行うことができる活動の内容、上陸及び在留のための条件その他の当該外国人が本邦に上陸し在留するに当たって留意すべき事項に関する情報の提供を行う。 情報提供する必要がある項目は次のとおり。 ・本邦において行うことができる活動の内容（法別表第１の２の表「特定技能」の項の下欄第１号に掲げる活動であること、技能水準が認められた業務区分に従事すること） ・入国に当たっての手続に関する事項（新たな入国の場合は、交付された在留資格認定証明書の送付を特定技能所属機関から受け、受領後に管轄の日本大使館・領事館で査証申請を行い、在留資格認定証明書交付日から３か月以内に日本に入国すること、既に在留している場合は、在留資格変更許可申請を行い、在留カードを受領する必要があること） ・一号特定技能外国人又はその配偶者、直系若しくは同居の親族その他当該外国人と社会生活において密接な関係を有する者が、特定技能雇用契約に基づく当該外国人の本邦における活動に関連して、保証金の徴収その他名目のいかんを問わず、金銭その他の財産を管理されず、かつ、特定技能雇用契約の不履行について違約金を定める契約その他の不当に金銭その他の財産の移転を予定する契約の締結をしておらず、かつ、締結させないことが見込まれること（保証金等の支払や違約金等に係る契約を現にしていないこと及び将来にわたりしないことについて確認する。） ・一号特定技能外国人に係る特定技能雇用契約の申込みの取次ぎ又は外国における特定技能１号の活動の準備に関して外国の機関に費用を支払っている場合は、そ

40 特定技能雇用契約の内容，当該外国人が本邦において行うことができる活動の内容，上陸及び在留のための条件その他の当該外国人が本邦に上陸し在留するに当たって留意すべき事項に関する情報の提供をいう（支援運用要領６頁）。

	の額及び内訳を十分理解して、当該機関との間で合意している必要があること（支払費用の有無、支払った機関の名称、支払年月日、支払った金額及びその内訳について確認する。） ・一号特定技能外国人支援に要する費用について、直接又は間接に当該外国人に負担させないこととしていること（義務的支援に要する費用は特定技能所属機関等が負担する。） ・特定技能所属機関等が一号特定技能外国人が入国しようとする港又は飛行場において当該外国人を出迎え、特定技能所属機関の事業所（又は当該外国人の住居）までの送迎を行うこと ・一号特定技能外国人のための適切な住居の確保に係る支援の内容（社宅等を貸与予定の場合は広さのほか、家賃等外国人が負担すべき金額を含む。） ・一号特定技能外国人からの職業生活、日常生活又は社会生活に関する相談又は苦情の申出を受ける体制（例えば、○曜日から○曜日の○時から○時まで面談・電話・電子メールの方法により相談又は苦情を受けることができること等） ・特定技能所属機関等の支援担当者氏名、連絡先（メールアドレス等）
任意的支援	次の事項について情報提供を行うこと。 ・入国時の日本の気候、服装 ・本国から持参すべき物、持参した方がよい物、持参してはならない物 ・入国後、当面必要となる金額及びその用途 ・特定技能所属機関等から支給される物（作業着等）

イ　実施方法

事前ガイダンスは、対面又はテレビ電話装置若しくはその他の方法（インターネットによるビデオ通話など）により、本人であることの確認を行った上で実施することが求められる（支援運用要領８頁）。また、文書の郵送や電子メールの送信のみによることは認められない（支援運用要領８頁）。また、事前ガイダンスは、特定技能外国人が十分に理解できる言語で行うことを要する（特定技能基準省令４条３号）。

ウ　実施の確認

事前ガイダンスを実施した場合には、参考様式第１－７号「事前ガイダンスの確認書」を作成する（資料８）。なお、事前ガイダンスは原則として３時間程度行うことを要する点に注意を要する（支援運用要領10頁）。

また、参考様式第１－８号「支払費用の同意書及び明細書」についても、事前ガイダンスの説明と併せて取得するのが良い（資料９）。

（7）　健康診断の受診

新たに入国する場合には、申請の日から遡り３ヶ月以内の医師の診断書が必要となる。他方で、技能実習生や留学生など、既に日本に在留中の者の場合は、申請の日から遡って１年以内に日本の医療機関で医師の診断書を提出することが可能である（特定技能運用要領13頁）。

(8)　在留資格認定証明書交付申請書類の準備

これまで準備してきた者の他、特定技能についての在留資格認定証明書交付申請における添付資料は、非常に多岐にわたる。これまで技能実習制度に取り組んできた法人であれば「技能実習計画の認定その後の在留資格認定証明書交付申請手続を併せた負担感である旨」説明すると、理解が得やすいように思う。

他方で、これまで技能実習制度に取り組んだことがない法人については、早めに「特定技能外国人の在留諸申請に係る提出書類一覧・確認表」を確認し、必要な書類の収集を開始するべきである（資料11）。

(9)　在留資格認定証明書交付申請

特定技能制度では技能実習のように、在留資格認定証明書交付申請に先行して行わなければならない技能実習計画の認定のような手続は、一部を除いて存在しない。

そのため、管轄の地方出入国在留管理局に対し在留資格認定証明書交付申請を行うことになる（資料12）。

なお、在留資格認定証明書交付申請中に上乗せ基準告示等で要件が加重されている部分についての対応を記載する部分があるが、特定産業分野ごとにどの項目について上乗せがされているかについては図表12部分を参照頂きたい。

(10)　査証の取得・上陸

在留資格認定証明書の交付を受けた後、その原本を申請者である特定技能外国人に送付し、外国人材がいる国の大使館等において査証の交付を受ける。その後、査証が添付された旅券を持ち、飛行機等で日本に上陸し、上陸許可を受けて日本に上陸することになる。在留資格認定証明書を出入国港で入国審査官に対し提出すれば、在留資格該当性及び上陸許可基準適合性は立証があったものと扱われる（審査要領）。

(11)　在留カードの受領

特定技能外国人は、中長期在留者に該当するため、在留カードが交付される（入管法19条の3）。交付は、上陸する空港が、成田空港、羽田空港、中部空港、関西空港、新千歳空港、広島空港、福岡空港から入国する場合には上陸許可を受けた空港で交付される。それ以外の空港・港の場合、住所と住居地を届け出た後に郵送される。

(12)　出入国の際の送迎

一号特定技能外国人が上陸する場合は、一号特定技能外国人支援の実施として、当該外国人が上陸した空港に迎えに行く必要がある。この空港への送迎について、支援運用要領によると次の支援が必要となる（支援運用要領11頁）。

図表18　出入国する際の送迎の内容

出入国する際の送迎（特定技能基準省令３条１項１号ロ）	
義務的支援	〔入国する際〕 一号特定技能外国人が上陸の手続を受ける港又は飛行場と特定技能所属機関の事業所（又は当該外国人の住居）の間の送迎を行うこと。 〔出国する際〕 一号特定技能外国人が出国の手続を受ける港又は飛行場まで送迎を行うこと、及び、保安検査場前まで同行し入場することを確認すること。
任意的支援	一号特定技能外国人が既に本邦に在留している場合に本邦内の移動について送迎を実施することや、本邦内の移動に要する費用を特定技能所属機関等が負担すること。

支援運用要領において、登録支援機関が、車両（社用車や自家用車）を利用して送迎を行う場合については、当該登録支援機関が道路運送法上の必要な許可を受けていなければ、道路運送法違反（いわゆる白タク）となる可能性が高いため、公共交通機関を利用することを要する旨が記載されている（支援運用要領11頁）。

また、特定技能制度のQ＆Aでは、次のとおり、遠方であっても実際に特定技能外国人が出入国を行う空港への送迎が必要である旨が記載されている。そのため、どういった経路でどの空港で上陸するかは、事前に計画を立てておく必要がある。

Q80　外国人が入出国する空港が遠方の場合でも、当該空港への送迎をしなければいけないのですか。

【A】　法務省令上、受入れ機関は、特定技能外国人が出入国しようとする港又は飛行場において外国人を送迎することが規定されています。

したがって、送迎に係る支援が受入れ機関の過度な負担にならないように、事前に外国人に送迎可能な国際空港等を案内し、出入国時に利用する空港等を決めておくことが必要になると考えられます。

Q81　直行便の少ない地方空港所在地域にある受入れ機関にとって、外国人の出国支援まですることは過大な負担ではないですか。

【A】　直行便の少ない地方空港所在地域であっても、例えば、地方空港から直行便のある韓国（仁川国際空港）等を経由して本国に帰国することが可能であり、他の遠隔地にある大空港まで送迎する必要はありませんので、送迎が外国人の支援の重要な部分であることを御理解いただき、実施願います。

（13）　住宅の確保・生活に必要な契約の支援

続いて、一号特定技能外国人支援の実施として、住宅の確保・生活に必要な契約の支援を行う。支援運用要領によると次の支援が必要となる（支援運用要領11～14頁）。

図表19　住宅の確保・生活に必要な契約の支援の内容

適切な住居の確保（特定技能基準省令３条１項１号ハ）	
義務的支援	次のいずれかを一号特定技能外国人の希望に基づき行う。 ①一号特定技能外国人が賃借人として賃貸借契約を締結するに当たり、不動産仲介事業者や賃貸物件に係る情報を提供し、必要に応じて当該外国人に同行し、住居[41]探しの補助を行う。賃貸借契約に際し連帯保証人が必要な場合であって、連帯保証人として適当な者がいないときは、少なくとも次のいずれかの支援を行う ・特定技能所属機関等が連帯保証人となる ・利用可能な家賃債務保証業者を確保するとともに、特定技能所属機関等が緊急連絡先となる ②特定技能所属機関等が自ら賃借人となって賃貸借契約を締結した上で、一号特定技能外国人の合意の下、当該外国人に対して住居として提供する。 ③特定技能所属機関が所有する社宅等を、一号特定技能外国人の合意の下、当該外国人に対して住居として提供する。
任意的支援	一号特定技能外国人に係る特定技能雇用契約の解除・終了後、次の受入先が決まるまでの間、住居の確保の必要性が生じた場合に、直近の特定技能所属機関等は、上記の支援を行うことなどにより当該外国人の日常生活の安定・継続性に支障が生じないよう配慮すること。
生活その他に必要な契約（特定技能基準省令３条１項１号ハ）	
義務的支援	銀行その他の金融機関における預金口座又は貯金口座の開設及び携帯電話の利用に関する契約その他の生活に必要な契約（電気・ガス・水道等のライフライン）に関し、一号特定技能外国人に対し、必要な書類の提供及び窓口の案内を行い、必要に応じて当該外国人に同行するなど、当該各手続の補助を行うこと。
任意的支援	生活に必要な契約について、契約の途中において、契約内容の変更や契約の解約を行う場合には、各手続が円滑に行われるよう、必要な書類の提供及び窓口の案内を行い、必要に応じて当該外国人に同行するなど、当該各手続の補助を行うこと。

（14）　生活オリエンテーション

同様に、一号特定技能外国人支援の実施として、生活オリエンテーションを行う。支援運用要領によると次の支援が必要となる（支援運用要領14～21頁）。

41 「技能実習２号」等の在留資格から「特定技能１号」へ在留資格を変更する場合等であって，特定技能所属機関が既に確保している社宅等の住居に居住することを希望する場合を除き、一人あたり7.5㎡の広さの居室を確保することが必要である（支援運用要領10頁）。

図表20　生活オリエンテーションの内容

生活オリエンテーションの実施（特定技能基準省令３条１項１号ニ）	
義務的支援	少なくとも８時間以上の時間、生活オリエンテーションを実施すること。 情報提供しなければならない事項は、次のとおり。 ⑴　生活一般 ①金融機関の利用方法 ・金融機関における入出金・振込等の方法、利用可能な時間、ATMの使い方、手数料等 ・出国する場合など、自己名義の銀行口座が不要となるときは、口座を閉鎖する手続を行うこと、ただし、将来再び入国するときのために口座を継続して利用する希望がある場合には、出国前に銀行に相談すること ②医療機関の利用方法等 ・利用可能な医療機関（症状別）、医療機関での受診方法、保険証を持参すること等 ・アレルギー・宗教上の理由により治療に制限がある場合は、医療機関にその旨を説明すること ③交通ルール等 ・歩行者は右側通行、車両は左側通行・歩行者優先であること、自転車損害賠償責任保険等 ・自動車、バイク等を運転する場合は運転免許が必要であること（必要に応じて、運転免許の取得方法・自動車保険の任意保険への加入等） ④交通機関の利用方法等 ・就労・生活する地域の公共交通機関（通勤に最適な公共交通機関）及びその利用方法 ・勤務先までの経路及び所要時間 ・通勤定期又は切符の購入・利用方法 ・ICカードの購入・利用方法等 ⑤生活ルール・マナー ・就労・生活する地域におけるゴミの廃棄方法等（分別・出し方、収集日、粗大ゴミの捨て方等） ・夜中に大声で騒いだり騒音を出したりするなど、近隣住民の迷惑になる行為は控えること ・喫煙には一定の制限があること（喫煙、禁煙場所等） ⑥生活必需品等の購入方法等 ・就労・生活する地域のスーパーマーケット、コンビニエンスストア、ドラッグストア、家電量販店等の所在地等 ⑦気象情報や災害時に行政等から提供される災害情報の入手方法等 ・気象情報・災害情報に関するホームページ、アプリ、出身国別の外国人向けのコミュニティサイト等 ⑧我が国で違法となる行為の例 ・原則として、銃砲刀剣類の所持が禁止されていること ・大麻、覚せい剤等違法薬物の所持等は犯罪であること ・在留カードの不携帯は犯罪であること ・在留カード、健康保険証等を貸し借りすることは禁止されていること ・自己名義の銀行口座・預貯金通帳・キャッシュカード・携帯電話を他人に譲渡することは犯罪であること ・ATMで他人名義の口座から無断で現金を引き出すことは犯罪であること ・他人になりすまして、配達伝票に署名したり、他人の宅配便を受領することは犯罪であること

・放置されている他人の自転車等を使用することは犯罪であること等
⑵　届出その他の手続
①所属機関等に関する届出（入管法第19条の16関係）
特定技能所属機関の名称又は所在地の変更、その消滅、特定技能所属機関との契約の終了又は新たな契約の締結
②住居地に関する届出（入管法第19条の7から第19条の9まで）
新規上陸後の住居地届出、在留資格変更等に伴う住居地の届出、住居地の変更届出
③社会保障及び税に関する手続
ア　社会保障に関する手続
※未納がある場合には在留諸申請が不許可になる場合がある（在留期間更新及び在留資格変更の申請において保険料の納付状況を確認する）こと
・健康保険及び厚生年金保険に関する手続・制度（保険料が給与から天引きされること）
・国民健康保険及び国民年金に関する手続（外国人自身が手続を行う必要があること）
イ　税に関する手続
※未納がある場合には在留諸申請が不許可になる場合がある（在留期間更新及び在留資格変更の申請において税の納付状況を確認する）こと
・源泉徴収・特別徴収制度（所得税・住民税は、原則として給与から天引きされること）
・住民税納付の仕組み（前年の給与所得がない場合は入社2年目の年から納税が始まり、原則として離職後の翌年まで納税義務があること、離職後の納税については一括納税や納税管理人制度の利用も可能であること、転職により離職する場合には、転職先において、引き続き、未納税額を給与から天引きすることも可能であること）
ウ　その他
・個人番号（マイナンバー）制度の仕組み（マイナンバーは日本国内での社会保障・税・災害対策の分野で利用されるものであること、住所地で住民票が作成された後、マイナンバーを通知するカード（通知カード（紙製））が自宅に郵送されること、マイナンバーカード（写真付きICカード）が申請により取得できること、マイナンバーカードは市町村によってはコンビニエンスストアで住民票の写し等の証明書を取得できるなど、各種サービスに利用できること）
④その他の行政手続
・自転車防犯登録の方法等（店頭又はインターネットで購入した場合や他人等から譲り受けた場合の登録方法、盗難又は撤去された場合の対応）
⑶　連絡先等
①特定技能所属機関又は当該機関から契約により一号特定技能外国人支援の実施の委託を受けた登録支援機関その他の者において相談又は苦情の申出に対応することとされている者の連絡先として次の事項
・支援担当者の氏名
・支援担当者の電話番号、メールアドレス等
②相談又は苦情の申出をすることができる国又は地方公共団体の機関の連絡先として次の事項
・地方出入国在留管理局（入国・在留に関する相談）
・労働基準監督署（残業代を含む賃金の未払やその他労働条件に関する事項（労働時間、休暇など）、仕事中にけがをしたときなど労働に関する相談）
・ハローワーク（失業等給付の受給手続に関する相談、職業相談）
・法務局・地方法務局（差別、いじめ等人権に関する問題の相談）
・警察署（犯罪被害相談や交通事故事件相談等）
・最寄りの市区町村（住民税、国民健康保険、国民年金や行政サービスに関する相談）

	・弁護士会、日本司法支援センター（法テラス）（民事や刑事などの様々な法的なトラブルが生じた場合の相談） ・大使館・領事館（パスポートの棄損・紛失等）等 ⑷　医療機関に関する事項 ・通訳人が配置されている又はインターネットや電話による医療機関向け通訳サービスが導入されているなど、外国人患者の受入れ体制が整備されている病院の名称、所在地及び連絡先 ・医療に関する支援の一環として、予期せぬ病気やけがの際に、高額な医療費の支払に不安を感じることなく、安心して医療サービスを受けることができるよう、医療通訳雇入費用等をカバーする民間医療保険への加入案内 ⑸　防災及び防犯並びに急病その他緊急時に関する事項 ・トラブル対応や身を守るための方策（地震・津波・台風等の自然災害、事件・事故等への備え、火災の予防（たばこの不始末、コンロ・ストーブの取扱い、消火器の使い方）） ・緊急時の連絡先・場所、警察・消防・海上保安庁等への通報・連絡の方法（110番・119番・118番、大使館・領事館、最寄りの警察署・交番、救急医療機関への連絡方法） ・気象情報・避難指示・避難勧告等の把握方法、災害時の避難場所 ⑹　法的保護に必要な事項 ・入管法令（在留手続、みなし再入国制度、在留資格の取消し及び在留カードに関する手続等）及び労働関係法令（労働契約、労働保険制度、休業補償制度、労働安全衛生及び未払賃金に関する立替払制度）に関する知識 ・入管法令に関する違反がある場合（資格外活動違反、不法就労者雇用等）、その相談先（地方出入国在留管理局）及び連絡方法 ・労働に関する法令違反がある場合（残業代を含む賃金の不払い、36協定を超えた時間外・休日労働等）、その相談先（労働基準監督署又は地方出入国在留管理局）及び連絡方法 ・特定技能雇用契約に反することがあった場合、その相談先（地方出入国在留管理局又は労働基準監督署）及び連絡方法 ・人権侵害があった場合、その相談先（法務局・地方法務局又は地方出入国在留管理局）及び連絡方法 ・年金の受給権に関する知識（老齢年金の受給資格期間は10年であることや、一定の要件を満たした場合には障害年金や遺族年金等の受給権が得られることを含む。）及び脱退一時金制度に関する知識（脱退一時金を受給した場合、その額の計算の基礎となった被保険者期間は、被保険者でなかったものとみなされることを含む。）、それらの相談先（日本年金機構）及び連絡方法
任意的支援	NA

ア　生活オリエンテーションの参考資料

㈠　外国人生活支援ポータルサイト

法務省のウェブサイトでは「外国人生活支援ポータルサイト」というタイトルで、外国人が日本で生活する上で必要な情報を掲載している（URL：http://www.moj.go.jp/nyuukokukanri/kouhou/nyuukokukanri10_00055.html）。

同サイトは、2020年１月時点では、日本語と英語で公開されている。また、生活・就労上必要となる情報がまとめられた「外国人のための生活・就労ガイドブック」も公開されており、2020年１月時点では、日本語版、やさしい日本語版、ベトナム語版が公開されている。その他にも「困ったときの連絡先」及び「地域における相談窓口一覧」も掲載されている。

これらの資料は、生活オリエンテーションを実施する上でも有益で、特定技能外国人に配布しながら生活オリエンテーションを実施するのが効果的であるといえる。

㈠　医療機関の情報

医療機関については、2019年12月３日付厚生労働省医政局総務課医療国際展開推進室・観光庁参事官（外客受入担当）付 外客安全対策室「「外国人患者を受け入れる医療機関の情報を取りまとめたリスト」について」において、医療機関のリストが公表されている（URL：https://www.mlit.go.jp/kankocho/topics08_000137.html）。また同リストを反映した医療機関検索サイトも公開されている（URL：https://www.jnto.go.jp/emergency/jpn/mi_guide.html）。

医療機関の情報については、これらの資料を活用して生活オリエンテーションを実施するのが効果的であるといえる。

イ　実施手続

生活オリエンテーションを行った後は、参考様式第５－８号「生活オリエンテーション確認書」を作成する必要がある（資料13）。「生活オリエンテーション確認書」は、特定技能所属機関による支援実施状況に係る届出（入管法19条の18第２項第２号）又は登録支援機関による支援実施状況に係る届出（入管法19条の30）の添付資料となる。

（15）　転入届・同行支援

上陸許可を受けて中長期在留者となった外国人は、居住地を定めてから14日以内に、住居地の市町村を通じて出入国在留管理庁長官に対し、住居地を届ける必要がある（入管法19条の７第１項）。

具体的には、在留カードを持ち、各市町村の窓口に行き、転入届を行うことになる（住基法30条の46）。当該転入届を行えば、入管法19条の７第１項の届出を行ったものとみなされる（入管法19条の７第３項）。

また、かかる転入届については、一号特定技能外国人支援計画の実施として、当該届出・手続を行う関係行政機関の窓口へ同行し、書類作成の補助をするなどの必要な支援を行う必要がある（特定技能基準省令３条１項１号ホ）。

（16）　雇用状況届出・ローマ字氏名届

特定技能所属機関は労働施策総合推進法28条、同法施行規則10条により届出（外国人雇用状況届出[42]）を行う。労働施策総合推進法28条による届出の対象とならない事業者は、入管法19条の17により、届出の努力義務が課されている[43]。

ア　外国人材が被保険者である場合

特定技能外国人が被保険者（雇用保険法４条１項）である場合は、雇入れに係るものにあっては雇用保険法施行規則６条１項の届出（雇用保険被保険者資格取得届）と併せて、離職に係るものにあっては同令７条１項の届出（雇用保険被保険者資格喪失届）と併せて行う（労働施策総合推進法規則10条２項）。

雇用保険被保険者資格取得届及び雇用保険被保険者資格喪失届併せて届け出る事項は、次のとおりである（同法施行規則11条１項、２項）。

図表21　届出事項一覧（雇用保険の被保険者の場合）

届出事由	届出事項
雇い入れ	◆ 在留資格及び在留期間 ◆ 国籍の属する国又は出入国管理及び難民認定法第二条第五号ロに規定する地域 ◆ 出入国管理及び難民認定法第十九条第二項前段の許可（以下「資格外活動の許可」という。）を受けている者にあつては、当該許可を受けていること。 ◆ 在留カードの番号 ◆ 出入国管理及び難民認定法別表第一の二の表の特定技能（次条第三項において「特定技能」という。）の在留資格をもつて在留する者にあつては、法務大臣が当該外国人について指定する特定産業分野（同表の特定技能の項の下欄第一号に規定する特定産業分野をいう。） ◆ 出入国管理及び難民認定法別表第一の五の表の特定活動（次条第四項において「特定活動」という。）の在留資格をもつて在留する者にあつては、法務大臣が当該外国人について特に指定する活動
離職	◆ 国籍の属する国又は出入国管理及び難民認定法第二条第五号ロに規定する地域 ◆ 出入国管理及び難民認定法別表第一の二の表の特定技能（次条第三項において「特定技能」という。）の在留資格をもつて在留する者にあつては、法務大臣が当該外国人について指定する特定産業分野（同表の特定技能の項の下欄第一号に規定する特定産業分野をいう。） ◆ 在留カードの番号 ◆ 出入国管理及び難民認定法別表第一の五の表の特定活動（次条第四項において「特定活動」という。）の在留資格をもつて在留する者にあつては、法務大臣が当該外国人について特に指定する活動

42 2020年３月１日から届出事項に在留カードの番号が追加されている。

43 雇用関係に基づく外国人材を受け入れた場合は労働施策総合推進法28条の手続の対象となるところ、入管法19条の17に基づく手続の対象となるのは、留学生を受け入れている教育機関や委任契約により役員として外国人材を受け入れている機関等、一部の場合に限られる（出入国管理法令研究会編「注解・判例　出入国管理実務六法　令和２年版」（日本加除出版、2019年）64頁）。

イ　外国人材が被保険者ではない場合

当該外国人材が被保険者ではない場合、外国人雇用状況届出は、外国人雇用状況届出書（様式第三号）により行う（労働施策総合推進法規則10条３項）。

図表22　届出事項一覧（雇用保険の被保険者でない場合）

届出事由	届出事項
雇い入れ	◆ 生年月日 ◆ 性別 ◆ 国籍の属する国又は出入国管理及び難民認定法第二条第五号ロに規定する地域 ◆ 出入国管理及び難民認定法第十九条第二項前段の許可（以下「資格外活動の許可」という。）を受けている者にあつては、当該許可を受けていること。 ◆ 在留カードの番号 ◆ 出入国管理及び難民認定法別表第一の二の表の特定技能（次条第三項において「特定技能」という。）の在留資格をもつて在留する者にあつては、法務大臣が当該外国人について指定する特定産業分野（同表の特定技能の項の下欄第一号に規定する特定産業分野をいう。） ◆ 出入国管理及び難民認定法別表第一の五の表の特定活動（次条第四項において「特定活動」という。）の在留資格をもつて在留する者にあつては、法務大臣が当該外国人について特に指定する活動 ◆ 雇入れ又は離職に係る事業所の名称及び所在地
離職	◆ 生年月日 ◆ 性別 ◆ 国籍の属する国又は出入国管理及び難民認定法第二条第五号ロに規定する地域 ◆ 在留カードの番号 ◆ 出入国管理及び難民認定法別表第一の二の表の特定技能（次条第三項において「特定技能」という。）の在留資格をもつて在留する者にあつては、法務大臣が当該外国人について指定する特定産業分野（同表の特定技能の項の下欄第一号に規定する特定産業分野をいう。） ◆ 出入国管理及び難民認定法別表第一の五の表の特定活動（次条第四項において「特定活動」という。）の在留資格をもつて在留する者にあつては、法務大臣が当該外国人について特に指定する活動 ◆ 雇入れ又は離職に係る事業所の名称及び所在地

ウ　届出の期限等

届出の期限は受入れ時は雇い入れ日の属する月の翌月10日まで、離職の場合には、離職日の翌日から起算して10日以内に、当該期限までに当該事業所の所在地を管轄する公共職業安定所の長に提出することによって行う必要がある（同法施行規則12条１項）。

被保険者でない外国人に係る外国人雇用状況届出は、当該外国人を雇い入れた日又は当該外国人が離職した日の属する月の翌月の末日までに、当該事業所の所在地を管轄する公共職業安定所の長に提出することによって行う必要がある（同法施行規則12条２項）。

エ　厚生年金及び国民年金の加入

特定技能外国人について厚生年金保険及び国民年金への加入手続は国内人材と同様である。厚生年金保険の場合、被保険者が住民基本台帳法30条の９の規定により地方公共団体情報システム機構より機構保存本人確認情報の提供を受けることができない場合、ローマ字氏名届（様式第７号の２）を添えて手続を行う必要がある（厚生年金保険法施行規則15条３項）。

（17）　日本語学習機会の提供

これまでは入社時の支援であったが、これ以降は、特定技能外国人が特定技能所属機関で稼働を開始した後の支援になる。一号特定技能外国人支援の実施として、日本語学習機会の提供を行う。支援運用要領によると次の支援が必要となる（支援運用要領21～22頁）。

図表23　日本語学習機会の提供の内容

日本語学習の機会（特定技能基準省令３条１項１号へ）	
義務的支援	次のいずれかの支援を行う必要がある。 ①就労・生活する地域の日本語教室や日本語教育機関に関する入学案内の情報を提供し、必要に応じて一号特定技能外国人に同行して入学の手続の補助を行うこと ②自主学習のための日本語学習教材やオンラインの日本語講座に関する情報を提供し、必要に応じて日本語学習教材の入手やオンラインの日本語講座の利用契約手続の補助を行うこと ③一号特定技能外国人との合意の下、特定技能所属機関等が日本語講師と契約して、当該外国人に日本語の講習の機会を提供すること
任意的支援	・支援責任者又は支援担当者その他職員による一号特定技能外国人への日本語指導・講習の積極的な企画・運営を行うこと ・一号特定技能外国人の自主的な日本語の学習を促すため、日本語能力に係る試験の受験支援や資格取得者への優遇措置を講じること ・日本語学習を実施する場合において、特定技能所属機関等の判断により、日本語教室や日本語教育機関の入学金や月謝等の経費、日本語学習教材費、日本語講師との契約料等諸経費の全部又は一部を当該機関自ら負担する補助等の学習のための経済的支援を行うこと

（18）　相談又は苦情への対応

一号特定技能外国人支援の実施として、日本語学習機会の提供を行う。支援運用要領によると次の支援が必要となる（支援運用要領23～24頁）。

相談・苦情の対応は、平日のうち３日以上、土曜・日曜のうち１日以上に対応し、夜間等相談しやすい就業時間外にも対応できることが求められる（支援運用要領24頁）。また、相談・苦情はいつ寄せられるか分からないことから、相談・苦情専用のメールアドレスの設置などにより可能な限り休日や夜間においても対応可能な体制を構築することが望まれる（支援運用要領24頁）。

図表24　相談又は苦情への対応の内容

相談又は苦情への対応（特定技能基準省令3条1項1号ト）	
義務的支援	・一号特定技能外国人から職業生活、日常生活又は社会生活に関する相談又は苦情の申出を受けたときは、遅滞なく適切に応じるとともに、相談等の内容に応じて当該外国人への必要な助言、指導を行うこと。 ・特定技能所属機関等は、必要に応じ、相談等内容に対応する適切な機関（地方出入国在留管理局、労働基準監督署等）を案内し、当該外国人に同行して必要な手続の補助を行うこと。
任意的支援	・相談・苦情の内容により、一号特定技能外国人が直接必要な手続を行いやすくするため、相談窓口の情報を一覧にするなどして、あらかじめ手渡しておくこと。 ・相談・苦情は、特定技能所属機関等の事務所に相談窓口を設けたり、相談・苦情専用の電話番号やメールアドレスを設置したりすることにより実施すること。 ・一号特定技能外国人が仕事又は通勤によるけが、病気となり、又は死亡した等の場合に、その家族等に対して労災保険制度の周知及び必要な手続の補助を行うこと。

相談・苦情への対応を行った際は、参考様式第５－４号「相談記録書」に記録する。「相談記録書」は、特定技能所属機関による支援実施状況に係る届出（入管法19条の18第２項第２号）又は登録支援機関による支援実施状況に係る届出（入管法19条の30）の添付資料となる（資料14）。

（19）　日本人との交流促進に係る支援

一号特定技能外国人支援の実施として、日本語学習機会の提供を行う。支援運用要領によると次の支援が必要となる（支援運用要領25～26頁）。

図表25　日本人との交流促進の内容

日本人との交流促進（特定技能基準省令3条1項1号チ）	
義務的支援	・必要に応じ、地方公共団体やボランティア団体等が主催する地域住民との交流の場に関する情報の提供や地域の自治会等の案内を行い、各行事等への参加の手続の補助を行うほか、必要に応じて当該外国人に同行して各行事の注意事項や実施方法を説明するなどの補助を行うこと。 ・一号特定技能外国人が日本の文化を理解するために必要な情報として、必要に応じ、就労又は生活する地域の行事に関する案内を行うほか、必要に応じて当該外国人に同行して現地で説明するなどの補助を行うこと。
任意的支援	・一号特定技能外国人が各行事への参加を希望する場合は、業務に支障を来さない範囲で、実際に行事に参加できるよう、有給休暇の付与や勤務時間について配慮すること。 ・一号特定技能外国人が地域社会で孤立することなく、当該外国人と日本人が相互に理解し信頼を深められるよう、特定技能所属機関等が率先して、当該外国人と日本人との交流の場を設けていくよう努めること。

(20)　外国人の責めに帰すべき事由によらないで特定技能雇用契約を解除される場合の転職支援

特定技能所属機関が、人員整理や倒産等すること等、特定技能所属機関の都合により一号特定技能外国人との特定技能雇用契約を解除する場合には、転職支援として、次のいずれかの支援を行うことが必要である（支援運用要領26頁）。

①所属する業界団体や関連企業等を通じて、次の受入先に関する情報を入手し提供すること

②公共職業安定所その他の職業安定機関又は職業紹介事業者等を案内し、必要に応じて一号特定技能外国人に同行し、次の受入先を探す補助を行うこと

③一号特定技能外国人の希望条件、技能水準、日本語能力等を踏まえ、適切に職業相談・職業紹介が受けられるよう又は円滑に就職活動が行えるよう推薦状を作成すること

④特定技能所属機関等が職業紹介事業の許可又は届出を受けて職業紹介事業を行うことができる場合は、就職先の紹介あっせんを行うこと

また、上記の①ないし④のいずれかに加えて、次の支援を行う必要がある（支援運用要領27頁）。

・一号特定技能外国人が求職活動を行うための有給休暇を付与すること

・離職時に必要な行政手続（国民健康保険や国民年金に関する手続等）について情報を提供すること

(21)　定期面談の実施・行政機関への通報

一号特定技能外国人支援の実施として、３ヶ月に１度以上の頻度で定期面談を実施し、定期面談の過程で法令違反を知った場合には行政機関へ通報を行う。支援運用要領によると次の支援が必要となる（支援運用要領27～29頁）。面談は実際に対面する必要があり、テレビ電話等で実施することはできない（支援運用要領28頁）。

図表26　定期面談の実施・行政機関への通報の内容

定期的な面談、行政機関への通報（特定技能基準省令３条１項１号ヌ）	
義務的支援	・一号特定技能外国人の労働状況や生活状況を確認するため、当該外国人及びその監督をする立場にある者（直接の上司や雇用先の代表者等）それぞれと定期的（３か月に１回以上）な面談を実施すること。 ・定期的に行う面談の場においては、生活オリエンテーションで提供した本邦での生活一般に関する事項、防災及び防犯に関する事項並びに急病その他の緊急時における対応に必要な事項その他の事項に係る情報を、必要に応じ、改めて提供すること。 ・支援責任者又は支援担当者が、一号特定技能外国人との定期的な面談において、労働基準法（長時間労働、賃金不払残業など）その他の労働に関する法令（最低賃金法、労働安全衛生法など）の規定に違反していることを知ったときは、その旨を労働基準監督署やその他の関係行政機関に通報すること。

	・支援責任者又は支援担当者が、一号特定技能外国人との定期的な面談において、資格外活動等の入管法違反、又は、旅券及び在留カードの取上げ等その他の問題の発生を知ったときは、その旨を地方出入国在留管理局に通報すること。
任意的支援	・一号特定技能外国人自らが通報を行いやすくするため、関係行政機関の窓口の情報を一覧にするなどして、あらかじめ手渡しておくこと。

（22）　受入状況に係る届出

特定技能所属機関は、四半期ごとに特定技能外国人の受入れ状況を出入国在留管理庁長官に届け出る必要がある（入管法19条の18第２項１号、同法施行規則19条の18第１項、５項）。

届出の四半期とは次の表のとおりで、翌四半期の初日から14日以内に、管轄の地方出入国在留管理局に届出を行う必要がある（入管法施行規則19条の18第３項、５項）。

図表27　受入れ状況に係る届出を行う期間一覧

第１四半期	１月１日から３月31日まで
第２四半期	４月１日から６月30日まで
第３四半期	７月１日から９月30日まで
第４四半期	10月１日から12月31日まで

届け出る事項は特定技能外国人の氏名を含む、入管法19条の18第２項１号、同法施行規則19条の18第１項各号で定められる事項であり、参考様式第３－６に基づき行う。なお、本届出は、一号特定技能外国人支援の実施を登録支援機関に全部委託している場合であっても、特定技能所属機関が行う必要がある点に注意が必要である（資料15）。

（23）　活動状況に係る届出

特定技能所属機関は、四半期ごとに特定技能外国人の在留管理に必要なものとして法務省令で定める事項を出入国在留管理庁長官に届け出る必要がある（入管法19条の18第２項３号、同法施行規則19条の18第５項）。

届出の四半期とは次の表のとおりで、翌四半期の初日から14日以内に、管轄の地方出入国在留管理局に届出を行う必要がある（入管法施行規則19条の18第３項、５項）。

図表28　活動状況に係る届出を行う期間一覧

第１四半期	１月１日から３月31日まで
第２四半期	４月１日から６月30日まで
第３四半期	７月１日から９月30日まで
第４四半期	10月１日から12月31日まで

届出の対象となる事項は、入管法施行規則19条の18第２項各号で定められる事項であり、参考様式第３－８に基づき行う。なお、本届出は、一号特定技能外国人支援の実施を登録支援機関に全部委託している場合であっても、特定技能所属機関が行う必要がある点に注意が必要である。

また、届出に際して特定技能外国人に対する報酬の支払状況（参考様式第３－８号別紙）、賃金台帳の写し、及び、特定技能外国人の報酬を決定するに当たって比較対象とした日本人労働者（いない場合は同一の業務に従事する日本人労働者）の賃金台帳の写し（個人情報を黒塗りする）を添付する必要がある（特定技能運用要領106頁。資料16）。

（24）　支援実施状況に関する届出

一号特定技能外国人支援の全部の実施を受けている登録支援機関は、支援業務の実施状況その他法務省令で定める事項を出入国管理庁長官に届け出る必要がある（入管法19条の30第２項）。

届出は、四半期ごとに行う必要がある（入管法19条の30第２項、同法施行規則19条の24）。届出の四半期とは次の表のとおりで、翌四半期の初日から14日以内に、管轄の地方出入国在留管理局に届出を行う必要がある（入管法施行規則19条の24）。

図表29　支援実施状況に係る届出を行う期間一覧

第１四半期	１月１日から３月31日まで
第２四半期	４月１日から６月30日まで
第３四半期	７月１日から９月30日まで
第４四半期	10月１日から12月31日まで

届出の対象となる事項は、入管法施行規則19条の24第２項各号で定められる事項であり、参考様式第４－３号に基づき行う（資料17）。

定期面談を実施した場合には、定期面談報告書（参考様式第５－５号（資料18）、第５－６号（資料19））を添付し、面談の内容及び対応結果を届け出る必要がある（特定技能運用要領139頁）。

第４　受入後の事象

［ポイント］
- 特定技能制度では、特定技能雇用契約や一号特定技能外国人支援計画が変更された場合に届出を行う必要があります。
- 外国人材について特有の税務上の問題として年末調整があります。
- 外国人材について特有の社会保険上の問題として脱退一時金があります。

1　受入れ後の四半期届出以外の届出

特定技能所属機関は、特定技能雇用契約の変更や一号特定技能外国人支援計画に関し、届出義務を負っている（入管法19条の18）。

届出義務が課されているのは、特定技能雇用契約の変更、終了又は新たな締結（入管法19条の18第１項１号）、一号特定技能外国人支援計画の変更（同条項２号）、登録支援機関との間で支援業務の委託契約を締結・変更・終了したとき（同条項３号）、その他法務省令で定める場合に該当するとき（同条項４号）、特定技能外国人の受入れ状況（同条２項１号）、一号特定技能外国人支援計画の実施状況（同条項２号）、その他法務省令で定める事項（同条項３号）である。

入管法19条の18に基づく届出義務の不履行は特定技能基準省令２条が定める適合特定技能雇用契約の適正な履行の確保に関する基準における欠格事由（特定技能基準省令２条１項４号リ（９））に該当するため、注意が必要である。

（1）　特定技能雇用契約の変更、終了又は新たな締結（入管法19条の18第1項1号）

特定技能所属機関は、法務省令で定める軽微な変更にあたる場合を除き、特定技能雇用契約の変更、終了、新たな締結[44]が生じた場合には、出入国管理庁長官に対し法務省令で定める事項を届け出る必要がある（入管法19条の18第１項１号）。

届出義務の対象とならない「軽微な変更」とは、業務の内容、報酬の額その他の労働条件以外の変更であって、特定技能雇用契約に実質的な影響を与えない変更をいう（入管法

44　新たに特定技能雇用契約を締結する場合とは、特定技能外国人が自己の意思で特定技能所属機関を退職して契約が終了したことによって契約終了の届出（入管法19条の18第１項１号）が提出され、転職活動を行っていたものの、従前の特定技能所属機関に戻り再度特定技能雇用契約を締結したような場合が該当する（特定技能運用要領92頁）。

施行規則19条の17第３項）。

「軽微な変更」に該当しない届出対象となる事由が発生した場合、特定技能所属機関は当該事由が生じた日から14日以内に、管轄の地方出入国在留管理局に届出を行う必要がある（入管法施行規則19条の17第２項）。

届出を行う事項は、届出に係る特定技能外国人の氏名、生年月日、性別、国籍・地域、住居地及び在留カードの番号並びに次の表の届出事由に対応する届出事項である（入管法施行規則19条の17第１項、入管法施行規則別表三の五の一）。

図表30　特定技能雇用契約の変更等に係る届出事項一覧

届出事由	届出事項
特定技能雇用契約の変更	特定技能雇用契約を変更した年月日
	変更後の特定技能雇用契約の内容
特定技能雇用契約の終了	特定技能雇用契約が終了した年月日
	特定技能雇用契約の終了の事由
新たな特定技能雇用契約の締結	新たな特定技能雇用契約を締結した年月日
	新たな特定技能雇用契約の内容

（2）　一号特定技能外国人支援計画の変更（同条項2号）

特定技能所属機関は、法務省令で定める軽微な変更にあたる場合を除き、一号特定技能外国人支援計画の変更をした場合には、出入国管理庁長官に対し法務省令で定める事項を届け出る必要がある（入管法19条の18第１項２号）。

届出義務の対象とならない「軽微な変更」とは、支援の内容又は実施方法以外の変更であって、一号特定技能外国人支援計画に実質的な影響を与えない変更をいう（入管法施行規則19条の17第４項）。

「軽微な変更」に該当しない届出対象となる事由が発生した場合、特定技能所属機関は当該事由が生じた日から14日以内に、管轄の地方出入国在留管理局に届出を行う必要がある（入管法施行規則19条の17第２項）。

届出を行う事項は、届出に係る特定技能外国人の氏名、生年月日、性別、国籍・地域、住居地及び在留カードの番号並びに次の表の届出事由に対応する届出事項である（入管法施行規則19条の17第１項、入管法施行規則別表三の五の二）。

図表31　一号特定技能外国人支援計画の変更等に係る届出事項一覧

届出事由	届出事項
一号特定技能外国人支援計画の変更	一号特定技能外国人支援計画を変更した年月日
	変更後の一号特定技能外国人支援計画の内容

（3）　登録支援機関との間で支援業務の委託契約を締結・変更・終了したとき（同条項3号）

特定技能所属機関は、法務省令で定める軽微な変更にあたる場合を除き、登録支援機関との間で支援業務の委託契約を締結・変更・終了した場合には、出入国管理庁長官に対し法務省令で定める事項を届け出る必要がある（入管法19条の18第１項３号）。

届出義務の対象とならない「軽微な変更」とは、契約の内容の変更であって、入管法第２条の５第５項の契約に実質的な影響を与えない変更をいう（入管法施行規則19条の17第５項）。

「軽微な変更」に該当しない届出対象となる事由が発生した場合、特定技能所属機関は当該事由が生じた日から14日以内に、管轄の地方出入国在留管理局に届出を行う必要がある（入管法施行規則19条の17第２項）。

届出を行う事項は、届出に係る特定技能外国人の氏名、生年月日、性別、国籍・地域、住居地及び在留カードの番号並びに次の表の届出事由に対応する届出事項である（入管法施行規則19条の17第１項、入管法施行規則別表三の五の三）。

図表32　支援委託契約の変更等に係る届出事項一覧

届出事由	届出事項
法第２条の５第５項の契約の締結	法第２条の５第５項の契約を締結した年月日
	締結した法第２条の５第５項の契約の内容
法第２条の５第５項の契約の変更	法第２条の５第５項の契約を変更した年月日
	変更後の法第２条の５第５項の契約の内容
法第２条の５第５項の契約の終了	法第２条の５第５項の契約が終了した年月日
	法第２条の５第５項の契約の終了の事由

（4）　その他法務省令で定める場合に該当するとき（同条項4号）

特定技能所属機関は、特定技能外国人を受け入れることが困難となった場合、又は、特定技能外国人に関して出入国又は労働に関する法令に関し不正又は著しく不当な行為があったことを知った場合には、出入国管理庁長官に対し法務省令で定める事項を届け出る必要がある（入管法19条の18第１項４号、入管法施行規則19条の17第６項）。

届出対象となる事由が発生した場合、特定技能所属機関は当該事由が生じた日から14日以内に、管轄の地方出入国在留管理局に届出を行う必要がある（入管法施行規則19条の17第２項）。

届出を行う事項は、届出に係る特定技能外国人の氏名、生年月日、性別、国籍・地域、住居地及び在留カードの番号並びに次の表の届出事由に対応する届出事項である（入管法施行規則19条の17第１項、入管法施行規則別表三の五の四）。

図表33　その他の届出事項一覧

届出事由	届出事項
特定技能外国人の受入れ困難	特定技能外国人の受入れが困難となった事由並びにその発生時期及び原因
	特定技能外国人の現状
	特定技能外国人としての活動の継続のための措置
出入国又は労働に関する法令に関し不正又は著しく不当な行為の発生の認知	出入国又は労働に関する法令に関し不正又は著しく不当な行為の発生時期、認知時期及び当該行為への対応
	出入国又は労働に関する法令に関し不正又は著しく不当な行為の内容

2　年末調整

（1）　居住者及び非居住者の区別

所得税法上、納税者は次のとおり区分される。

図表34　納税者の区分

<table>
<tr><th colspan="2">居住者</th><th>非居住者</th></tr>
<tr><td colspan="2">国内に住所を有し、又は現在まで引き続いて一年以上居所を有する個人をいう（所得税法２条１項３号）。</td><td rowspan="3">居住者以外の個人をいう（所得税法２条１項５号）。</td></tr>
<tr><th>非永住者</th><th>永住者</th></tr>
<tr><td>居住者のうち、日本の国籍を有しておらず、かつ、過去十年以内において国内に住所又は居所を有していた期間の合計が五年以下である個人をいう（所得税法２条１項４号）。</td><td>居住者のうち、非永住者以外の個人</td></tr>
</table>

(2)　源泉徴収及び年末調整

居住者に対して給与等の支払いをする場合、給与の支払いをする者は、給与等について所得税を徴収する、いわゆる源泉徴収義務がある（所得税法183条1項）。そして、給与等が法で定める金額以下の者（特定技能外国人のほぼ全てが該当すると思われる）については、その年の最後の給与等の支払いの際に、いわゆる年末調整を行う必要がある（所得税法190条以下）[45]。

年末調整の際などに、非居住者である親族（以下「国外居住親族」という。）に係る扶養控除、配偶者控除、障害者控除又は配偶者特別控除（以下「扶養控除等」という。）の適用を受ける居住者は、その国外居住親族に係る「親族関係書類」及び「送金関係書類」（これらの書類が外国語で作成されている場合には、その翻訳文を含む。）を源泉徴収義務者に提出し、又は提示する必要がある（平成 27年9月（平成30年1月改訂）国税庁「国外居住親族に係る扶養控除等の適用について」）。

扶養控除等を受ける場合の詳細については、国税庁のウェブサイトで、英語、中国語、スペイン語、ポルトガル語、ベトナム語で資料が公開されている（国税庁「非居住者である親族について扶養控除等の適用を受ける方へ」（URL：https://www.nta.go.jp/publication/pamph/gensen/gaikokugo/02.htm））。生活ガイダンスの際等、海外に送金した際の資料を保存しておくことも含めて、かかる資料を活用しながら外国人材に説明を行うべきである。

3　脱退一時金

保険期間が6ヶ月以上ある外国人材が、国民年金または厚生年金の被保険者資格を失い日本を出国した場合、2年以内に、脱退一時金を請求することができる（厚生年金保険法附則29条、国民年金保険法附則9条の3の2）。日本年金機構のウェブサイト「脱退一時金に関する手続をおこなうとき」に、英語、中国語、韓国語、ポルトガル語、スペイン語、インドネシア語、タガログ語、タイ語、ベトナム語、ミャンマー語、カンボジア語、ロシア語、ネパール語、及びモンゴル語の資料が掲載されており[46]、かかる資料を用いて外国人材に説明するべきである。

45 金子宏『租税法　第22版』（弘文堂、2017年）240頁以下参照
46 日本年金機構「脱退一時金に関する手続をおこなうとき」（https://www.nenkin.go.jp/service/jukyu/todoke/kyotsu/20150406.html）

第５　技能実習制度

［ポイント］

- 技能実習生は国際協力推進のための制度である。
- 技能実習生は１年目、３年目、５年目にそれぞれ技能に関する試験を受検する。
- 技能実習生が行う仕事は、技能に関する試験に合格するために必須なものが定められている。
- 技能実習制度に合致した支援を行うことが求められる。

1　技能実習制度

（1）　技能実習制度の目的・基本理念

技能実習は、技能実習法１条に「人材育成を通じた開発途上地域等への技能、技術又は知識（省略）の移転による国際協力を推進することを目的とする」とあるように、国際協力の推進のための制度である。また、「技能実習は、労働力の需給の調整の手段として行われてはならない。」（同法３条２項）とあるように、技能実習は、労働力確保のための制度ではない。

技能実習に取り組む上では、働き手不足のための制度ではなく、技能等の移転による国際協力推進のための制度であることを理解した上で取り組む必要があるといえる。

（2）　技能実習の種類

技能実習には大きく区分すると、「企業単独型技能実習」（同法２条２項）と「団体監理型技能実習」（同法２条４項）に分けることができる。

ア　企業単独型技能実習

企業単独型技能実習は、日本の機関の海外の事業所等の職員を当該日本の機関に招聘し、技能等を修得するため、技能実習生が当該日本の機関で講習を受け業務に従事するという制度である。図解すると次のとおりとなる。

図表35　企業単独型技能実習の概略

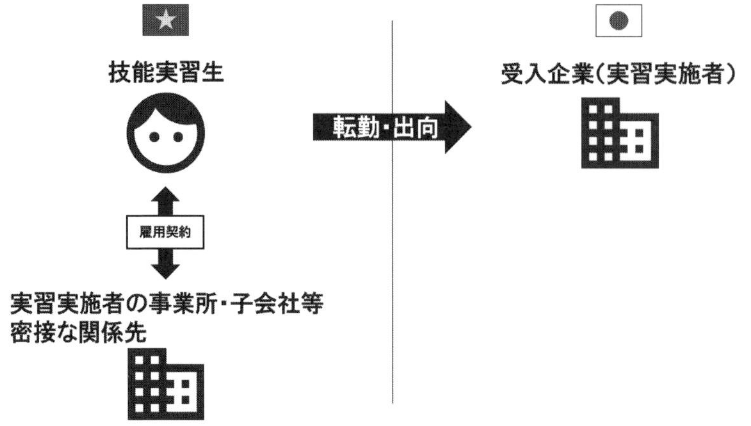

企業単独型技能実習において、技能実習候補者は、「本邦の公私の機関の外国にある事業所の職員」又は「本邦の公私の機関と主務省令で定める密接な関係を有する外国の公私の機関の外国にある事業所の職員」であることを要する（技能実習法２条２項１号）。

イ　団体監理型技能実習

団体監理型技能実習は、日本の営利を目的としない法人（事業協同組合等）により受け入れられて必要な講習を受けること及び当該法人による実習監理を受ける日本の機関で業務に従事するという制度である。図解すると次のとおりとなる（代表例として、監理団体が事業協同組合の場合を想定する。）。

図表36　団体管理型技能実習の概略

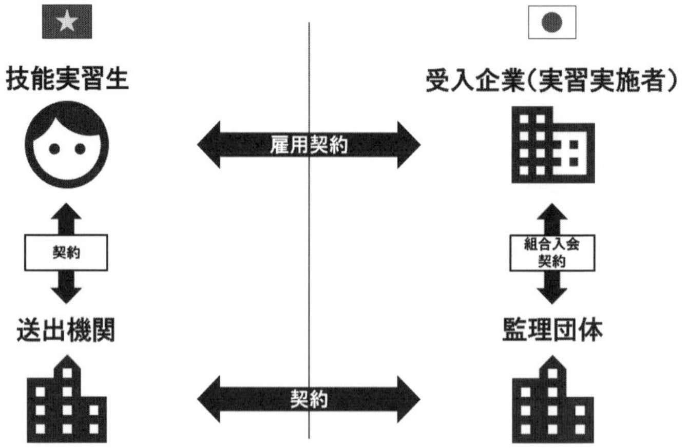

(ア)　監理団体

団体監理型技能実習には、不可欠な機関として、監理団体がある。監理団体とは、技能実習法に基づく監理許可を受けて実習監理を行う事業（以下「監理事業」という。）を行う日本の営利を目的としない法人をいう（技能実習法２条10号）。

技能実習法は団体監理型実習実施者等と団体監理型技能実習生等との間における雇用関係の成立のあっせん及び団体監理型実習実施者に対する団体監理型技能実習の実施に関する監理を行うことを「実習監理」と定義する。そして、許可を受けて実習監理を行う事業を本邦の法人を監理団体と呼ぶ（技能実習法２条９項）。

監理団体の許可を受けられる法人は、事業協同組合等一定の法人に限定されている（技能実習法25条１項１号、技能実習法施行規則29条１項）。

(イ)　送出機関

また、同様に団体監理型技能実習の担い手として、送出機関がある。送出機関[47]とは団体監理型技能実習生になろうとする者からの団体監理型技能実習に係る求職の申込みを適切に本邦の監理団体に取り次ぐことができる者として主務省令で定める要件に適合するものをいう（技能実習法23条２項６号かっこ書）。

技能実習制度において、監理団体は職業紹介を行う（技能実習法２条９項）。監理団体が職業紹介を行うことは、技能実習法27条が職安法の特例として職業紹介の許可が無くとも技能実習職業紹介事業を行うことができるとしているため許される。他方で、国外に渡る職業紹介であることから、取次機関が必要となり、当該取機関となるのが送出機関である。

(3)　技能実習の流れ

技能実習は、１年目である第一号技能実習、２年目から３年目である第二号技能実習、そして、一部の業種で認められている４年目から５年目である第三号技能実習として３段階に分けて行われる。

第一号技能実習から第三号技能実習までの流れを表にすると、次のとおりとなる（なお、技能検定の受検申込み時期等によって前後するものであり、時期は目安である。）。

---

47 技能実習法上、送出機関には「外国の送出機関」（技能実習法23条２項６号）及び「取次送出機関」（技能実習法施行規則１条８法）という２つの概念が存在する。「外国の送出し機関」は主に監理団体の許可の際に用いられる概念であり、「取次送出機関」は「外国の送出し機関」のうち、団体監理型技能実習を監理団体に実際に取り次ぐものであり、個別の技能実習計画の認定の際に用いられる概念である（技能実習運用要領193頁）。なお、送出機関に似た機関として、技能実習生になろうとする者の外国における準備に関与する外国の機関として「外国の準備機関」（技能実習法施行規則１条９号）が存在する。「外国の準備機関」について偽変造文書の行使があると、技能実習計画が認定されない（技能実習法９条２項、技能実習法施行規則10条２項５号）。

図表37　第一号技能実習から第三号技能実習までの流れ

	時期	手続等	備考
入国前	６ヶ月前	入国前講習開始可能	
	５ヶ月前		
	４ヶ月前	技能実習計画認定申請（一号）	６ヶ月前から申請可能 標準審査期間：１～２ヶ月
	３ヶ月前		
	２ヶ月前	在留資格認定証明書交付申請 査証申請	標準審査期間：２週間 標準審査期間：５営業日
	１ヶ月前		
第一号技能実習	１ヶ月目	入国後講習	
	～		
	７ヶ月目	技能検定（基礎級）受験申込	
	８ヶ月目		
	９ヶ月目	技能検定（基礎級）受検 技能実習計画認定（二号）	受検推奨時期：３ヶ月前まで ６ヶ月前から申請可能 標準処理期間：２～５週間
	10ヶ月目	在留資格変更許可申請	標準処理期間：２週間
	11ヶ月目		
	12ヶ月目		
第二号技能実習	１ヶ月目		
	～	技能検定（三級）受検申込	
	17ヶ月目		
	18ヶ月目	技能検定（三級）受検	受検推奨時期：６ヶ月前まで
	19ヶ月目		
	20ヶ月目		
	21ヶ月目		
	22ヶ月目	技能実習計画認定申請（三号）	６ヶ月前から申請可能 標準処理期間：２～５週間
	23ヶ月目	在留資格変更許可申請	標準処理期間：２週間
	24ヶ月目		
	１ヶ月以上	一時帰国[48]	

48 技能実習法施行規則の改正により、第三号技能実習開始後１年以内に１時帰国することも選択することが可能となった。

第三号技能実習	1ヶ月目		
	～	技能検定（二級）受検申込み	
	21ヶ月目		
	22ヶ月目	技能検定受検	受検推奨時期：実習終了まで
	23ヶ月目		
	24ヶ月目		

＊技能実習運用要領８頁より作成

なお、一部の職種を除き、入国時において一定の日本語レベルにあることは求められない。

（4）　技能実習に関する手続

ア　手続の概要

技能実習制度において中心的な役割を果たすのは技能実習計画である。

「技能実習計画」とは、技能実習を行わせようとする日本の法人[49]または個人が、技能実習生ごとに作成する、技能実習の実施に関する計画のことを言う（技能実習法８条２項)。

技能実習制度における手続を時系列順に並べると次のとおりとなる。技能実習計画の作成が起点となっており、また、上述のとおり在留資格の活動内容を画するものであり、技能実習計画に従って技能実習を行わない場合には改善命令（技能実習法15条）や実習認定の取消し（技能実習法16条）の対象となるものであるところ、技能実習計画は技能実習制度の中核を担う制度と言って良い。

図表38　技能実習制度の手続

技能実習計画の作成（技能実習法８条１項）

↓

外国人技能実習機構への技能実習計画の認定申請
（技能実習法８条１項、同法施行規則４条１項）

↓

49 親会社（会社法（平成17年法律第86号）第２条第４号に規定する親会社をいう。）とその子会社（同条第三号に規定する子会社をいう。）の関係その他主務省令で定める密接な関係を有する複数の法人が技能実習を共同で行わせる場合はこれら複数の法人を含む（技能実習法８条１項)。主務省令で定めるものには、①同一の親会社（会社法（平成17年法律第86号）第２条第４号に規定する親会社をいう。）をもつ複数の法人②その相互間に密接な関係を有する複数の法人として法務大臣及び厚生労働大臣が認めるものが該当する。

外国人技能実習機構による認定（技能実習法９条）

↓

外国人技能実習機構による認定証の交付（技能実習法施行規則５条１項）

↓

出入国在留管理局への在留資格認定証明書交付申請 （入管法７条の２、入管法施行規則６条の２第１項、同施行規則別表第三） 出入国在留管理局への在留資格変更許可申請 （入管法20条２項、入管法施行規則20条１項、同施行規則別表第三）

↓

在留資格認定証の交付（入管法７条の２、入管法施行規則６条の２第５項） 在留資格変更許可（入管法20条３項）

イ　技能実習計画の内容

技能実習計画に記載すべき事項は技能実習法８条に定められており、認定の基準は同法９条で定められている。また、モデル技能実習計画が厚生労働省のウェブサイトに掲示されているため、当該モデル技能実習計画を閲覧すると、具体的なイメージが持ちやすい。

技能実習計画における重要なポイントとして、技能実習の目標及び習得する技能等の基準がある。

㋐　技能実習の目標（技能実習法９条２号）

技能実習の目標については、第一号技能実習から第二号技能実習に移行する場合、すなわち３年間以上技能実習を行う場合、技能検定又は技能実習評価試験の実技試験と学科試験への合格が必要である（技能実習運用要領46頁）。

「技能検定」は、職業能力開発促進法44条以下で規定されており、厚生労働省で定める職種（検定職種）ごとに、同法施行規則で合格に必要な技能及びこれに関する知識の程度が規定される（職業能力開発促進法44条１項、２項、職業能力開発促進法施行規則62条）。技能検定の合格に必要な技能及びこれに関する知識の程度は、次のとおりである（職業能力開発促進法施行規則62条各号）。

図表39　技能検定合格に必要な技能・知識

技能検定の区分	合格に必要な技能及び知識
特級の技能検定	検定職種ごとの管理者又は監督者が通常有すべき技能及びこれに関する知識の程度
一級の技能検定	検定職種ごとの上級の技能労働者が通常有すべき技能及びこれに関する知識の程度

二級の技能検定	検定職種ごとの中級の技能労働者が通常有すべき技能及びこれに関する知識の程度
三級の技能検定	検定職種ごとの初級の技能労働者が通常有すべき技能及びこれに関する知識の程度
基礎級の技能検定	検定職種ごとの基本的な業務を遂行するために必要な基礎的な技能及びこれに関する知識の程度

(イ)　技能実習計画の内容－修得する技能等の基準（技能実習法９条２号）

第一号技能実習から第三号技能実習まで共通する基準として、「同一の作業の反復のみによって修得等できるものではないこと」が求められる。これは、技能実習制度が、人材育成を通じて技能等の本国への移転を図るものであるから、同一の作業の反復のみによって修得等できるものについては、移転すべき技能等と認められないからである（技能実習運用要領47頁）。

これに加えて、第二号技能実習及び第三号技能実習については、移行対象職種・作業であることを要する（技能実習法施行規則10条２項１号ロ）。

移行対象職種・作業は、技能実習法施行規則別表２に規定されている。

移行対象職種・作業は、2020年３月28日時点では82職種146作業である。

移行対象職種・作業については、必須業務[50]、関連業務[51]、及び周辺業務[52]が作業ごとに定められており、必須業務に従事する時間が業務に従事する時間全体の２分の１以上、関連業務に従事する時間が業務に従事する時間全体の２分の１以下、周辺業務に従事する時間が業務に従事する時間全体の３分の１以下であることが必要である（技能実習法施行規則10条２項２号ハ）。

加えて、移行対象職種・作業については、必須業務、関連業務及び周辺業務について、従事する時間のうち10分の１以上を安全衛生に係る業務を行う必要がある（技能実習法施行規則10条２項２号ニ）。

この必須業務は、技能検定等に合格するためには行っておくことが必要な業務であるため、技能実習における「必修科目」といった表現が可能だといえる。

---

50 必須業務とは、技能実習生が修得等をしようとする技能等に係る技能検定又はこれに相当する技能実習評価試験の試験範囲に基づき、技能等を修得等するために必ず行わなければならない業務をいう（技能実習法施行規則10条２項２号ハ(1)）。

51 関連業務とは、必須業務に従事する者により当該必須業務に関連して行われることのある業務であって、修得等をさせようとする技能等の向上に直接又は間接に寄与する業務をいう（技能実習法施行規則10条２項２号ハ(2)）。

52 周辺業務とは、必須業務に従事する者が当該必須業務に関連して通常携わる業務のうち関連業務を除くものをいう（技能実習法施行規則10条２項２号ハ(3)）。

2　技能実習生に対する生活支援

技能実習制度においては特定技能制度における一号特定技能外国人支援のように技能実習生の生活をまとめて監理団体や実習実施者にその実施を義務として課すという制度はない。技能実習制度においては、監理団体の許可の基準や技能実習生の待遇の内容として定められている。

（1）　入国前講習

技能実習生は、一般的に、日本に入国する前に「入国前講習」と呼ばれる講習を受講してから日本に来る。「入国前講習」とは、日本に上陸する過去６ヶ月以内に、本邦外で、①日本語、②本邦での生活一般に関する知識又は④本邦での円滑な技能等の修得等に資する知識の科目について、１ヶ月以上の期間かつ160時間以上の課程を有し座学で実施されるものをいう（技能実習法施行規則10条２項７号ハ）。

入国前講習の内容については、①日本語、②本邦での生活一般に関する知識又は④本邦での円滑な技能等の修得等に資する知識の科目という範囲でしか内容が定められていない。しかし、この入国前講習の実施時期や内容は、送出機関や準備機関により大きく異なっている。

送出機関が送出国における専門学校として認定されており、10ヶ月前後語学教育及び技術教育を受けてから技能実習生として日本に来る例（図の上段）や、面接が終わり内定した者について４ヶ月間程度教育を行う例（図の下段）がある。

図表40　送出機関等における教育システム

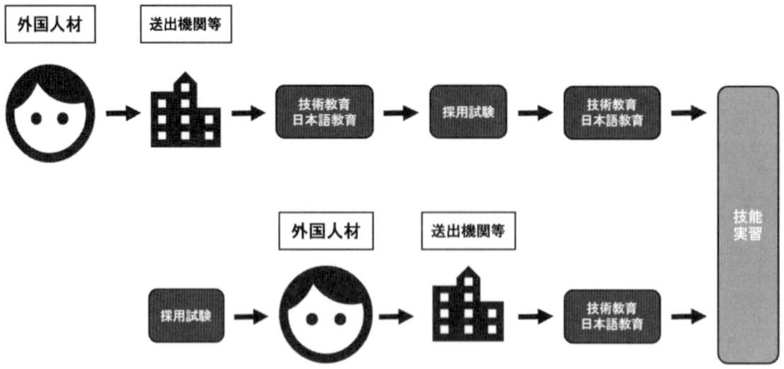

一般的に上段の学校型の方が充実した教育が行われていることが多く、また受入企業が採用を行う場合にも、既に技術教育及び語学教育を受けた成果により判断が可能であり、より実践的な採用試験が可能である。一方で、技能実習生の候補者から見た場合、充実した教育を受けることができるのだが、日本に行くまでに相対的に長期の時間を要することや、入学時点で日本に行くことが保証されないといえる。

下段の方式の場合、採用試験の約１週間程度日本語等の勉強をした技能実習生候補者が採用試験を受け、受入れ企業からの内定を得た者だけが教育を受けるという運用をする送出機関が多い。この方式のメリットは、全体の手続を見れば、上段の仕組みより早く日本に行くことができる点及び内定を得てから教育を受ける点がある。

技能実習生を受け入れる場合には、技能等の移転に伴う国際協力という制度趣旨に照らし、また、自社の人材採用のポリシーに鑑み、どういった課程を経た方をリクルートすべきか十分な検討が必要であるといえる。

そして、入国前に自社独自の教育を行うこと等、技能実習生が技能等の移転をより円滑に行う仕組みを構築すべきといえる。

(2)　入国後講習

技能実習生は、日本に入国後に「入国後講習」と呼ばれる座学の講習を受ける（技能実習法施行規則10条2項7号）。科目としては①日本語、②本邦での生活一般に関する知識、③出入国又は労働に関する法令の規定に違反していることを知ったときの対応方法その他技能実習生の法的保護に必要な情報、④本邦での円滑な技能等の修得等に資する知識が必要である。

それぞれの科目の想定される具体的内容は、次のとおりである（技能実習運用要領64頁）。

図表41　入国後講習の内容

科目	想定される具体的内容
①日本語	技能実習生が技能実習の遂行や日常生活に不自由しないレベルに達するための日本語教育
②本邦での生活一般に関する知識	我が国の法律や規則、社会生活上のルールやマナー、生活情報（自転車の乗り方等日本の交通ルール、公共機関の利用方法、国際電話の掛け方、買い物の仕方、ゴミの出し方、銀行・郵便局の利用方法等）
③出入国又は労働に関する法令の規定に違反していることを知ったときの対応方法その他技能実習生の法的保護に必要な情報	技能実習法令、入管法令、労働関係法令に関する事項、実習実施者や監理団体等が技能実習法令等の規定に違反していることを知ったときの対応方法、特に申告・相談先である機構における母国語相談や、労働基準法違反の申告・相談先である労働基準監督署等の行政機関への連絡及び申告の要件や方法と不利益取扱いの禁止に係る事項、賃金未払に関する立替払制度や休業補償制度、労働安全衛生や労働契約に関する知識、厚生年金の脱退一時金制度のほか、やむを得ない理由による転籍をしなければならなくなった際の対応等に関する事項

④本邦での円滑な技能等の修得等に資する知識	機械の構造や操作に関する知識、技能実習への心構え、企業内での規律等、現場施設見学[53]。

入国後講習の時間数は、入国前講習[54]を実施しない場合には第一号技能実習の総時間の6分の1以上であり、実施する場合は第一号技能実習の総時間の12分の1となる。①から④の科目についての時間配分は法定されていない。技能実習生の個々の能力や技能等を修得するために必要な知識に鑑み、実習実施者において適宜定めて良いとされる（技能実習運用要領66頁）。もっとも、③技能実習生の法的保護に必要な情報については、技能実習法令、入管法令、労働関係法令、その他法的保護に必要な情報について各2時間、合計8時間実施することが必要とされる（技能実習運用要領66頁）。

教材については、「技能実習手帳」を教材として用いる必要がある（技能実習制度運用要領66頁）。「技能実習手帳」は技能実習制度の概要から権利擁護の方法等、技能実習生が知っておくべき情報が網羅されており、技能実習を行う期間中、とても参考になるものといえる。入国後講習の際に、使用方法にいて説明するべきであるといえる。また、「技能実習手帳」は中国語、ベトナム語、タガログ語、インドネシア語、タイ語、カンボジア語、ミャンマー語、モンゴル語、及び英語版が外国人技能実習機構のウェブサイトに公開されている。

（3） 技能実習生の待遇

ア　報酬の額

技能実習生の報酬は、日本人が従事する場合の報酬額と同等以上であることを要する（技能実習法9条）。技能検定等の受検料がかかる、監理費がかかるといった理由で技能実習生の報酬額を低く設定することは許されない（技能実習運用要領88頁）。

また、監理費を技能実習生に直接的にも間接的にも負担させることも許されない（技能実習法施行規則14条）。

イ　宿泊施設

技能実習生に対しては、適切な宿泊施設が確保されていることを要する。この宿泊施設については、寝室について床の間・押し入れを除き1人当たり4.5㎡以上を確保し、また、個人別私有物収納設備、床面積の7分の1以上の有効採光面積を有する窓及び採暖の設備を設ける措置が講じられていることを要する（技能実習運用要領89頁）。この個人別私有物

53　実習実施者の工場の生産ライン等の商品生産施設においては見学以外の活動は認められない（技能実習運用要領65頁）。

54　過去6ヶ月以内に、本邦外で、①日本語、②本邦での生活一般に関する知識又は④本邦での円滑な技能等の修得等に資する知識の科目について、1ヶ月以上の期間かつ160時間以上の課程を有し座学で実施されるものをいう（技能実習法施行規則10条2項7号ハ）。

収納設備については、「技能実習生の多くが、実習実施者又は監理団体が提供した複数の者が出入りする居室で生活している実態を踏まえれば、プライバシーの確保や盗難防止の観点から、身の回り品を収納できる一定の容量がありかつ施錠可能・持出不能なもの（個人別に施錠可能な部屋である場合を除く。）であることが必要」であるが外国人技能実習機構の実地検査において、この措置が執られていない例がある旨指摘がされており[55]、注意を要する。

(4)　人員体制

実習実施者は、技能実習生を受け入れるための人的な体制として①技能実習責任者、②技能実習指導員、③生活指導員をそれぞれ選任しなければならない（技能実習法９条６号、技能実習法施行規則12条）。

それぞれの役割は次のとおりである。なお、技能実習責任者、技能実習指導員及び生活指導員は、それぞれの要件を満たす場合兼務が可能である（技能実習運用要領75頁）。

役職	業務内容
技能実習責任者	技能実習指導員、生活指導員その他技能実習に関与する職員の監督、技能実習の進捗状況の管理、その他統括管理
技能実習指導員	技能実習の指導
生活指導員	日本での生活上の留意点についての指導、技能実習生の生活状況の把握、相談

実習実施者は、これらの人員を選任し、技能実習が円滑に遂行される体制を構築する必要がある。

(5)　技能実習中

ア　技能検定等の対策

技能実習生は、入国後１年目である第一号技能実習中に技能検定の基礎級に相当する試験等を受検し、また、入国後３年目である第二号技能実習実施中に技能検定三級に相当する試験等を受検する必要がある。

特に入国後１年目に受検する技能検定の基礎級に相当する試験は、当該試験に合格できなかった場合には、第二号技能実習に移行することなく帰国しなければならなくなってしまう。

技能検定等の受検が必要とされるのは、技能実習制度が「技能等」の移転による国際協

55 外国人技能実習機構監理団体部長2020年３月18日付「私有物収納設備の取扱いについて」

力の推進を目的とする制度であるため、技能実習生が持ち帰るべき技能等を身につけたかを公的試験で確認するためであると解される。このような制度趣旨に鑑みれば、技能検定等への合格は、「技能等」の移転による国際協力という技能実習制度の中核であるといえる。そのため受入れ企業である実習実施者においても技能実習生が技能検定等に合格できるよう、試験に向けた教育を行う等の対応を行うことが望ましい。

イ　相談体制

監理団体は、実習監理を行う団体監理型技能実習生からの相談に応じ、また、受け入れている技能実習生の国又は地域に応じた相談応需体制を構築することが必要である（技能実習法施行規則52条14号）。

また、優良な実習実施者及び監理団体として認定される加点項目の中に、「機構・監理団体が実施する母国語相談・支援の実施方法・手順を定めたマニュアル等を策定し、関係職員に周知していること」がある（技能実習運用要領96頁、同198頁）。

ウ　日本語教育・地域社会との交流・日本文化を学ぶ機会

相談体制と同様に、日本語教育及び地域社会との交流の点についても、優良な実習実施者及び監理団体として認定される加点項目の中に規定されている。

㋐　日本語教育

加点項目となる「受け入れた技能実習生に対し、日本語の教育の支援を行っていること」については、以下の事由が該当する（技能実習運用要領103頁）。なお、単に日本語学校の紹介をすること、日本語のみの時間を実習中に設定すること、職員との日常会話の機会を増やすことといった対応のみでは、日本語の教育の支援を行っているとはいえない（技能実習運用要領103頁）。

①　実習実施者自身が教材を用意し日本語講習を実施すること

②　外部講師を招いて日本語教育を実施すること

③　日本語学校へ通学する際の金銭的支援をすること

㋑　地域社会との交流

加点項目となる「地域社会との交流を行う機会をアレンジしていること」については、例えば、次の事由が該当する（技能実習運用要領104頁）。一般人向け（日本人向け）のイベントを単に周知するといった対応のみでは、地域社会との交流を行う機会をアレンジしたとはいえない（技能実習運用要領104頁）。

①　地域祭りを企画して技能実習生を参加させること

②　ボランティア活動に技能実習生を参加（ゴミ拾い、老人ホーム訪問など）させること

③　町内会に技能実習生を参加させること

④　国際交流イベントを実施して技能実習生を参加させること

(ウ)　日本文化を学ぶ機会

加点項目となる「日本の文化を学ぶ機会をアレンジしていること」については、次の事由が該当する（技能実習運用要領104頁）。技能実習生と日本食を単に食べに行く、一般人（日本人向け）向けのイベントを単に周知するといった対応のみでは、日本の文化を学ぶ機会をアレンジしていたとはいえない（技能実習運用要領104頁）。

① 季節ごとのイベントを実施（正月、花見、月見等）すること

② 文化講習を実施（実施者の施設内もしくは実施者の主導による茶道体験、折り紙、着付け、和食作り等）すること

③ 外部の文化講習等を受講する際の金銭的支援をすること

④ 社会科見学（博物館・美術館・寺院等の見学）を実施すること

エ　監理団体による訪問指導・監査

(ア)　訪問指導

監理団体は、技能実習の１年目である第一号技能実習の場合に、監理団体の監理責任者の指揮の下に、１ヶ月に１回以上、監理団体の役職員が実習実施者に赴いて、技能実習の実施状況を実地に確認するとともに、技能実習計画に基づいて技能実習を適正に行わせるよう指導を行う必要がある（技能実習法施行規則52条３号）。

(イ)　監査

監理団体は、技能実習の年次に関係なく、監理責任者の指揮の下で、３ヶ月に１度以上の頻度で技能実習責任者に対し監査を行う必要がある（技能実習法施行規則53条１号）。

監査の際は、原則として、①技能実習の実施状況を実地に確認すること、②技能実習責任者及び技能実習指導員から報告を受けること、③技能実習生の４分の１以上と面談すること、④実習実施者の事業所の設備、帳簿書類等を閲覧すること、⑤技能実習生の宿泊施設等の生活環境を確認することが必要とされる（技能実習運用要領171頁）。また、技能実習運用要領171頁では、割増賃金の不払、労働時間の偽装、技能実習計画とは異なる作業への従事、実習実施者以外の事業者での作業従事、不法就労者の雇用、入国後講習期間中の業務への従事などの過去の不正行為事例として多く認められている点について、重点的に監査を行うべきことが指摘されている。

加えて、１度の監査の際には、当該実習実施者に所属する技能実習生の４分の１以上と面談することを要する。これは、１年の間に４回以上の監査があるため、通年で１回以上は技能実習生と面談を行うという趣旨である。

なお、監査の過程で実習実施者において、団体監理型技能実習に関し労働基準法、労働安全衛生法その他の労働に関する法令に違反していることが発覚した場合には、監理団体は、監理責任者をして、是正のため必要な指示を行わせた上で、関係行政機関に通報する必要がある（技能実習法40条４項、５項）。

(6)　技能実習の移行・在留資格の変更

「技能実習」の在留資格は、１年目の在留資格である「技能実習１号」から、２～３年目の在留資格である「技能実習２号」の在留資格を変更し、また、「技能実習２号」から３～５年目の在留資格である「技能実習３号」へ在留資格の変更を行う（入管法20条１項・３項）[56]。

在留資格の変更に必要な手続やスケジュール管理についても監理団体及び実習実施者が共同して行う必要がある。

ア　「技能実習１号」から「技能実習２号」への変更

「技能実習２号」に変更するには、技能実習の内容が、移行対象職種・作業であることが必要である（技能実習法９条２号、技能実習法施行規則10条２項１号ロ）。

また、②対象者としては、技能実習１号で定めた目標である、技能等に係る基礎級の技能検定又はこれに相当する技能実習評価試験の実技試験及び学科試験の合格を達成した者である必要がある（技能実習法９条４号、技能実習法施行規則10条１項１号）。

技能検定等の受検は、第一号技能実習の修了３ヶ月までに受検することが推奨されている（技能実習運用要領71頁）。

「技能実習２号」の場合も、技能実習計画の認定が必要である（技能実習法８条１項）。技能実習計画の認定の申請は、技能実習開始予定日の６ヶ月前から可能であり、また、原則として、技能実習開始予定日の３ヶ月前に行う必要がある（技能実習制度運用要領12頁）。

技能実習計画の認定が行われたときは、外国人技能実習機構より、認定通知書が交付される（技能実習法施行規則５条１項、２項）。

そして、技能実習計画認定通知書、認定の申請書の写し及び年間の収入及び納税額に関する証明書を添付資料として、在留資格変更許可申請を行う（入管法20条３項、入管法施行規則20条２項、別表第３）。

イ　「技能実習２号」から「技能実習３号」への変更

「技能実習２号」から「技能実習３号」への在留資格の変更も、流れは「技能実習１号」から「技能実習２号」への変更と概ね同様であるが、一時帰国を要する等、一部異なる点もある。

「技能実習３号」についても、技能実習の内容が移行対象職種・作業である必要がある（技能実習法９条２号、技能実習法施行規則10条２項１号ロ）。

また、技能実習生が、第二号技能実習の際の目標である、習熟をさせる技能等に係る三級の技能検定又はこれに相当する技能実習評価試験の実技試験の合格を達成する必要がある（技能実習法９条４号、技能実習法施行規則10条１項２号）。

56　なお、2020年３月末時点では、移行対象職種・作業の一部で「技能実習３号」に在留資格の変更ができないものがあるので注意されたい。

技能検定等の受検時期については、第二号技能実習が修了する6か月前までに受検することが推奨されている（技能実習運用要領71頁）。

「技能実習３号」の場合も、技能実習計画の認定が必要である（技能実習法８条１項）。技能実習計画の認定の申請が、技能実習開始予定日の６ヶ月前から可能であり、また、原則として、技能実習開始予定日の４ヶ月前まで（第２号技能実習の修了後、１か月以上の帰国期間の後、速やかに第３号技能実習を開始する場合は、第２号技能実習を修了する予定の３か月前まで）に行う必要がある（技能実習運用要領15頁）。

技能実習計画の認定が行われたときは、外国人技能実習機構より、認定通知書が交付される（技能実習法施行規則５条１項、２項）。

そして、技能実習計画認定通知書、認定の申請書の写し及び年間の収入及び納税額に関する証明書を添付資料として、在留資格変更許可申請を行う（入管法20条３項、入管法施行規則20条２項、別表第３）。

ウ　「特定技能１号」への移行の注意点

「技能実習２号」又は「技能実習３号」の修了予定者が、そのまま本邦に残り、在留資格変更許可申請手続によって、「特定技能１号」へ資格変更を行う場合がある。この場合、在留資格変更許可申請を行った後に特例として２ヶ月間延長される在留期間（入管法20条５）中は、技能実習としての就労は行うことができない点に注意が必要である。

すなわち、技能実習の在留資格で認められる就労活動は、あくまで認定された技能実習計画に基づくものである（入管法別表第１の２）。そして、在留資格変更許可申請申請によって延長された特例の２ヶ月間中において、技能実習計画は満了しており、当該２ヶ月間においては、技能実習計画は存在しない。よって、特例の２ヶ月間において、技能実習計画に基づく活動は観念できず、結果として技能実習としての就労はできないこととなる。

そのため、技能実習の在留資格から特定技能の在留資格に移行する場合については、早めの申請を行うことが望ましいと言える。

第６　その他の在留資格の外国人材への支援

［ポイント］
・一号特定技能外国人支援の内容は、他の在留資格で在留する外国人材に対しても参考になるものが多い。
・高度人材に区分される外国人に対しても、一号特定技能外国人支援を参考に生活支援を提供することが望ましい。

1　一号特定技能外国人支援

特定技能制度では、受入企業である特定技能所属機関が一号特定技能外国人に対し、一号特定技能外国人支援の実施を実施する義務を負う（入管法19条の22第１項）。当該義務は、一号特定技能外国人に対してのみであり、「特定技能２号」で在留する外国人材を含め、その他の外国人材に対して一号特定技能外国人支援を行う義務は負わない。

しかし、一号特定技能外国人支援が在留資格で認められた活動を安定的かつ円滑に行うことができるようにするための職業生活上、日常生活上又は社会生活上の支援であることからすれば、当該内容を参考にし、他の在留資格で在留する外国人材に対しても支援を行うことが望ましいといえる。

2　高度人材について

「高度専門職」や「技術・人文知識・国際業務」等の、従前の専門的・技術的分野の在留資格においては生活支援については、法は特段の規定を置いていない[57]。しかし、一号特定技能外国人支援で行われる事前ガイダンスや生活オリエンテーションの内容は、高度人材とされる外国人材にとっても、有益である。

また、入管法19条の16の対象となる外国人材については、所属機関自体の変更だけではなく名称や所在の変更に伴い届けを要する。所属機関の商号変更や本店の移転等の場合、当該外国人材は、自身に届出義務があることを知らない場合が多く、届出義務を履行しない事例が多く見られる。このような自体が生じないように、一号特定技能外国人支援の生活オリエンテーションを参考に、当該在留資格で必要となる手続を入社時に説明するのが

57 なお、努力義務ではあるが、労働施策総合推進法では、事業主に「職業に適応することを容易にするための措置の実施その他の雇用管理の改善に努める」ことを義務づけており（同法７条）、同法に基づき「外国人労働者の雇用管理の改善等に関して事業主が適切に対処するための指針」が定められている。

望ましいといえる。

3　留学生について

(1)　留学の在留資格における論点

「留学」の在留資格の活動内容は次のとおり、大学等で教育を受ける活動を行うための在留資格であり、就労を目的とした在留資格ではない。

本邦の大学、高等専門学校、高等学校（中等教育学校の後期課程を含む。）若しくは特別支援学校の高等部、中学校（義務教育学校の後期課程及び中等教育学校の前期課程を含む。）若しくは特別支援学校の中学部、小学校（義務教育学校の前期課程を含む。）若しくは特別支援学校の小学部、専修学校若しくは各種学校又は設備及び編制に関してこれらに準ずる機関において教育を受ける活動

しかし、資格外活動の許可（入管法19条２項、入管法施行規則19条）を取得すると、「留学」の在留資格を有する者も週に28時間（在籍する教育機関が学則で定める長期休業期間にあるときは、一日について８時間以内）の収入を伴う事業を運営する活動又は報酬を受ける活動が可能となる（入管法施行規則19条５項１号）。

この資格外活動の許可を得てアルバイト等をする学生は多い。しかし、資格外活動の許可の範囲を超えて働いた場合、不法就労活動（入管法24条１項３号の４）に該当してしまう。

また、学生であっても日本に在留する20歳以上の者は国民年金保険の被保険者となり（国民年金保険法７条１項１号）、国民年金保険料の納付義務がある。学生であるので学生納付特例（国民年金保険法90条の３）に基づき納付義務を免除されることが可能である。しかし、十分な制度説明がなされていない結果未納となる例もある。

未納となってしまった場合、「特定技能１号」への在留資格変更は許可されない可能性がある。また、令和元年12月20日 外国人材の受入れ・共生に関する関係閣僚会議「外国人材の受入れ・共生のための総合的対応策（改訂）」において「国民健康保険・国民年金については、保険料を一定程度滞納した者からの在留期間更新許可申請や在留資格変更許可申請を不許可とする等の対策を講ずる。」（施作番号136）と記載されており、国民年金の保険料が未納となった場合、在留諸申請において不許可と判断される可能性もある。

そのため、留学生についても、在学中のアルバイトから将来の就職にかけて、将来不利益となることが内容に、制度説明を行い、また、関係者が法令を遵守して関わる必要がある。

(2)　在学中について

在学中の支援は、所属する学校等から提供されることが多い。もっとも、就職活動支援が充実した大学であっても、留学生に対して入管法や公法上の義務についての説明を十分に行なっている機関は少ないのではないだろうか。

留学生に対しては、将来日本で就職するためにも、在学中から出入国関連法令を遵守し、また、公法上の必要があることを説明するべきである。その際、次の次項について説明するべきである。

ア　資格外活動の許可と範囲

留学生は資格外活動の許可を申請した場合、包括許可として週に28時間（在籍する教育機関が学則で定める長期休業期間にあるときは、一日について８時間以内）の収入を伴う事業を運営する活動又は報酬を受ける活動が可能となる（入管法施行規則19条５項１号）。この週28時間についてはどの曜日から起算しても28時間以内になっていることを要する（審査要領）。

そして、資格外活動の許可の範囲を超えて就労した場合（一般的に「オーバーワーク」と呼称される。）、不法就労活動（入管法24条１項３号の４）となり、留学生も刑事罰に処せられる危険がある（入管法70条１項４号、同法73条）。

また、オーバーワークは、次のとおり、就職するための在留資格に変更しようとした場合不許可の原因にもなる（出入国在留管理庁令和元年12月「留学生の在留資格「技術・人文知識・国際業務」への変更許可のガイドライン」別紙１）。

（４）商学部を卒業した者から、貿易業務・海外業務を行っている企業との契約に基づき、海外取引業務に従事するとして申請があったが、申請人は「留学」の在留資格別紙１－２－で在留中、１年以上継続して月200時間以上アルバイトとして稼働していたことが今次申請において明らかとなり、資格外活動許可の範囲を大きく超えて稼働していたことから、その在留状況が良好であるとは認められず、不許可となったもの。

このように、資格外活動の許可を超えて就労した場合、刑罰に処せられる可能性があり、また、日本で在留を続けることもできなくなる危険がある。このことを留学生には十分に説明し、安易に資格外活動の許可の範囲を超えて就労することがないように指導するべきである。

イ　公的義務について

前述の国民年金保険のように、留学生が知らず知らずに義務を負っている例がある。そういった義務を履行しない場合、「特定技能１号」のように在留資格の変更許可の際の添付資料となる例もあり、また、在留期間の審査際に不利に考慮される可能性がある。

そのため、公的義務（国民年金保険、確定申告、入管法上の届出義務等）については、これを履行しなければならないこと、履行しないと不利益があることを説明指導すべきである。

(3)　就職に際して

まず、留学生の採用に際し、説明会等で上記の公法上の義務の不履行がある場合、在留資格の変更許可ができない可能性があることを説明するべきである。特に、「特定技能１号」での採用を検討している場合、在留資格が得られない可能性があるため、留意する必要がある。

また、留学生を採用する企業の側から見た場合、前述の週28時間以内（又は１日８時間以内）という範囲超えて働かせた場合、不法就労助長罪（入管法73条の２第１項１）が成立し得る。在学中のアルバイトに関する事例ではあるが、飲食店を運営する会社が、ベトナムやネパール国籍の留学生11名を、週28時間の法定限度を超えて働かせていたとして、運営会社、店舗統括部長に対し、それぞれ不法就労助長罪にあたるとして、それぞれ会社に50万円、店舗統括部長に30万円の罰金の支払いを命じた事例が報道されている。

就職の際に注意が必要なのは、入社前研修等、「留学」の在留資格であるうちに、採用した企業が研修等で就労させる際である。資格外活動の許可は「教育機関に在籍している間に行うものに限」られる（入管法施行規則19条５項２号）が、一般的には、「留学」から「技術・人文知識・国際業務」等への在留資格変更は、卒業証書が交付される時点（３月であれば３月16日頃）に完了することが多く、その後の入社前研修であれば資格外活動の範囲の問題を生じない。

しかし、在留資格を変更する前の時点において入社前研修として就労させる場合には、資格外活動の範囲を超えることがないように研修日程を検討するべきである。

4　働きやすい組織に向けて

日本型雇用システムにおける雇用とは、職務ではなくメンバーシップであるとし、その本質からの論理的帰結として導かれる特徴が長期雇用制度、年功賃金制度及び企業組合であるとの見解[58]は広く受け入れられるようになっている。

このメンバーシップ型の日本型雇用が今後も維持されるかは不透明な状況であり、日本型雇用は変化しようとしているが、今はまさに過渡期である。そして、この日本型雇用システムにおいて外国人は、メンバーシップの外延であることが多い。特に本書で多くのページをあてた「特定技能」や「技能実習」といった在留資格で働く外国人は、メンバーシップ型ではなく、ジョブ型で採用されているといえる。

日本以外の多くの国は、ジョブ型の組織であり、日本に働きに来てくれる外国人の出身国も多くはジョブ型であると思われる。そして、ジョブ型の社会から来てくれた外国人から見れば、日本の産業組織におけるキャリアパスは不透明であるといった感想を持たれる

58 濱口桂一郎『新しい労働社会』３～４頁（岩波書店、2009年）

こともあると思う（総務省「高度外国人材の受入れに関する政策評価書」（2019年６月）91頁）。

日本の外から見た場合、ジョブの概念が明確ではなく、就職ではなく就社と表現した方が実態に合っている日本型雇用システムの方が特徴的な制度であるとも評価できる。かかる点に鑑みれば、日本型雇用システムは諸外国の標準的な雇用システムと異なる点も多くあるのだと思う。

外国人材を採用した場合、そういった違いから衝突することもあるかもしれないが、その衝突を乗り越えれば、組織の多様性は高まると思う。

日本型雇用システムが再考されている中で、外国人をメンバーシップである社員として受入れ、多様性に富んだ、働きやすい組織づくりに挑戦すべき時期に来ているのではないだろうか。

◎ダウンロードサービス一覧

（次のページにある「ダウンロードサービスのご案内」をご参照ください。）

＊資料名中にある「参考様式」は、「特定技能外国人受入れに関する運用要領」（令和２年４月版）【特定技能運用要領】別紙２～５及び「一号特定技能外国人支援に関する運用要領」（平成31年３月）に記載の様式です。

資料１　在留資格認定証明書交付申請時チェックリスト
資料２　特定技能外国人の履歴書（参考様式第１－１号）
資料３　特定技能外国人の報酬に関する説明書（参考様式第１－４号）
資料４　支援委託契約書（参考様式第１－18号）
資料５　一号特定技能外国人支援計画書（参考様式第１－17号）
資料６　特定技能雇用計画書（参考様式第１－５号）
資料７　雇用条件書（参考様式第１－６号）
　　　　賃金の支払い（参考様式第１－６号別紙）
資料８　事前ガイダンスの確認書（参考様式第１－７号）
資料９　支払費用の同意書及び明細書（参考様式第１－８号）
資料10　健康診断個人票（参考様式第１－３号）
　　　　受診者の申告書（参考様式第１－３号別紙）
資料11　特定技能外国人の在留諸申請に係る提出書類一覧・確認表
資料12　在留資格認定証明書交付申請書（別記第６号の３様式）
　　　　＊出入国管理及び難民認定法施行規則６条の２関係
資料13　生活オリエンテーションの確認書（参考様式第５－８号）
資料14　相談記録書（参考様式第５－４号）
資料15　受入れ状況に係る届出書（参考様式第３－６号）
資料16　活動状況に係る届出書（参考様式第３－８号）
　　　　特定技能外国人に対する報酬の支払状況（参考様式第３－８号別紙）
資料17　支援実施状況に係る届出書（参考様式第４－３号）
　　　　一号特定技能外国人支援対象者名簿（参考様式第４－３号別紙）
資料18　定期面談報告書（一号特定技能外国人用）（参考様式第５－５号）
資料19　定期面談報告書（監督者用）（参考様式第５－６号）

「外国人材サポートブック」書式（資料１～19）ダウンロードサービスのご案内

①ご使用のPC等から、下記のURL（又はQRコード）へアクセスします。

②「購読者専用Webサイト」の案内に従って会員登録をしてください。

③会員登録したアドレスにお送りしたパスワードで、購読者専用ログインページからダウンロードできます。

https://shop.gyosei.jp/contents/LGP/data.php?c=gaikokujinzai_login

※ダウンロードサービスについては、一定期間経過後サービスを終了することがございます。

●著者プロフィール

杉田　昌平（すぎた しょうへい）

●弁護士（センチュリー法律事務所）

平成23年弁護士登録（東京弁護士会）、入管届出済弁護士（平成25年〜）、社会保険労務士（平成29年〜）、日本弁護士連合会中小企業海外展開支援担当弁護士（平成30年度〜）、慶應義塾大学法科大学院・グローバル法研究所特任講師、名古屋大学大学院法学研究科研究員。アンダーソン・毛利・友常法律事務所、名古屋大学大学院法学研究科日本法教育研究センターベトナム（ハノイ法科大学内）、ハノイ法科大学客員研究員等を経て現職。

外国人材受入れに関する入管手続、労務手続、制度設計、M&A・組織再編、危機管理対応、紛争対応等を主として業務を行う。並行して外国人材の受入れに関する講演・研修を多数行っている。

主な著書として『外国人材受入れガイドブック』（ぎょうせい、2019年）、『改正入管法関連完全対応　法務・労務のプロのための外国人雇用実務ポイント』（ぎょうせい、2019年）、『中国・タイ・ベトナム労働法の実務Q&A』（共著、労働調査会、2018年）等がある。

「技能実習」「特定技能」対応 ‼
外国人材受入れサポートブック

令和2年5月25日　第1刷発行

著　者　**杉田　昌平**
発　行　株式会社 **ぎょうせい**
〒136-8575　東京都江東区新木場1-18-11
電話番号／編集　03-6892-6508
　　　　　営業　03-6892-6666
フリーコール／0120-953-431
URL　https://gyosei.jp

〈検印省略〉

印刷　ぎょうせいデジタル株式会社
乱丁・落丁本はお取り替えいたします。

ISBN978-4-324-10812-3
(5108608-00-000)
〔略号：外国人材サポート〕